JN228096

2032年、日本がスタートアップのハブになる

世界を動かす
才能を解放せよ

2032, Japan Becomes a Startup Hub

Unlock the Geniuses that Move the World

Phil Wickham

フィル・ウィックハム

Sozo Ventures共同創業者
スタンフォード大学工学部
大学院講師

NEWS PICKS

序文

次は日本の番だ

―― アレン・テイラー Allen Taylor
（エンデバー・カタリスト／マネージングパートナー）

1人の力で「劇的」に変えられる

多くの優れたスタートアップの物語と同じく、今から話すこの物語もガレージから始まります。紆余曲折（かなりの回り道を含む）、勝利と挫折、そして個人の並外れた努力によって、最後はアップルやグーグル、フェイスブックのような神話的なシリコンバレーの企業に匹敵する、並外れた成功を収めた人たちがいます。

ですが、このスタートアップの物語が他と異なるのは、そのガレージがシリコンバレーではなく、そこから何千マイルも離れた、アルゼンチンのブエノスアイレスの閑静な住宅街にあったことです。

アルゼンチンで生まれ育ったマルコス・ガルペリン（Marcos Galperin）は、１９９９年にスタンフォード大学ビジネススクールでの2年間を終えて帰国したばかりでした。ガルペリンは、アメリカで起きていたｅコマース革命がラテンアメリカにも必ず訪れると確信していました。そして彼が作った新しい会社、メルカド・リブレ（Mercado Libre）がその先駆けになるというビジョンを持っていました。

その年に、このガレージでガルペリンに加わったのは、共同創業者のエルナン・カザ（Hernan Kazah）とニコラス・セケシー（Nicolas Szekasy）でした。２人もガルペリンと同じくアルゼンチン人で、海外で学んだ後、母国に戻ってきたところでした。

会社の初期の資金は、このように獲得されました――ある日ガルペリンはスタンフォード大学の教授の１人を説得し、その日の午後にゲストの講演者としてクラスを訪れていたＨＭキャピタルパートナーズの創業者ジョン・ミューズ（John Muse）を、講義が終わった後にプライベートジェットまで送る役目を買って出たのです。ガルペリンはその時間を利用して、自身のスタートアップのアイデアを余すところなく説明し、さらに20分の時間を稼ぐために意図的に回り道までしました。そしてこの策略は功を奏しました。

初期のメルカド・リブレは、インターネット普及率の低さや、デジタル決済インフラの欠如、オンライン取引に対する信頼性の低さなど、いくつもの大きな課題に直面していました。しかしその当時からガルペリンという人物は、長期的な視点を持ち、使命感に溢れた印象を人々に与えました。彼と共同創業者たちは「ラテンアメリカのアマゾン、または

eBay」と称されるメルカド・リブレを、世代を超えて存続するビジネスにしたいと公言していました。

CEOのガルペリン、COOのカザ、CFOのセケシーの大胆なリーダーシップのもと、メルカド・リブレの成長は2000年代に加速し、マーケットプレイス以外のサービスにも拡大しました。2004年にはデジタル決済プラットフォームであるメルカド・パゴ（Mercado Pago）を導入し、物流にも多額の投資を行いました。2007年には、ラテンアメリカのテクノロジー企業として初めてナスダック市場に上場を果たしました。この節目は、会社拡大のための資本をもたらしただけでなく、同社がこの地域におけるテクノロジーのリーダーとしての地位を確立したことを示すものでした。

ガルペリンの指揮下で、メルカド・リブレのサービスは長年の間に多様化し、物流のメルカド・エンビオス（Mercado Envios）、eコマースストアフロントのメルカド・ショップス（Mercado Shops）、貸付サービスのメルカド・クレディート（Mercado Credito）を立ち上げました。これらの取り組みにより、同社はシンプルなマーケットプレイスから、ラテンアメリカ全域で膨大な数のユーザーにサービスを提供する包括的なデジタルエコシステムへと変貌を遂げました。

今日、メルカド・リブレはラテンアメリカの18カ国で2億人以上の顧客にサービスを提供しています。同社は直接的に約5万人の雇用を創出し、プラットフォームを利用する中小企業経営者やその他の人々に数百万の間接的な雇用をもたらしています。おそらく最も印象的なのは、同社の時価総額がナスダック上場以来100倍に成長したことでしょう。現在1000億ドル以上の価値を持つメルカド・リブレは、アマゾンとアリババ、そしてピンドゥオドゥオという中国の巨人に次ぐ世界で4番目に価値の高いｅコマース企業となり、アルゼンチンで最も価値の高い企業であり、最大手の銀行や国営石油会社さえも凌駕しています。

このメルカド・リブレの物語は、ほとんどの人が不可能だと考えていた場所での、途方もない、並外れた成功の物語です。

幸福な結末……
そして幸福な物語の始まり

ところでメルカド・リブレの物語には何か奇妙なところがあることに気づきましたか？

あるいは、ちょっとヒントを出すとすれば、この物語の中に見当たらないものは何でしょうか？

そこには政府のプログラムがありません。

国から提供される補助金やインセンティブがありません。

実際、真の制度らしきものは何も存在しません。

メルカド・リブレの成功には複数の要因がありますが、最も重要なのは創業者たちです。会社を立ち上げた3人の並外れた特別な人物、ガルペリン、カザ、セケシーは、野心、謙虚さ、集中力、決断力という稀有な組み合わせを持っていました。彼らの純粋な意志によって、ほとんど誰もが不可能だと思い込んでいた場所に、世界レベルの会社を創り上げたのです。彼らのために設けられた特別なインセンティブはありませんでした。アルゼンチンでイノベーションを育成しようとする政府のプログラムもありませんでした。ただ、非常に大きな夢と、それを実現する能力を持った3人の並外れた決意の固い創業者たちがいただけでした。

私は他の場所でも、他の時にも、これと同じことが起きるのを目撃してきました。そして、私にはこれに関する理論があります。私はこれを「社会変革における並外れた個人の理論（the Remarkable Individual Theory of Societal Change）」（ＲＩＴ）と呼んでいます。これは、大きな組織が世界を変えるのではなく、制度が世界を変えるのでもなく、人々が世界を変えるという根本的な信念です。そして特に、少数の本当に特別な、並外れた人々が世界を変えるのです。

この考えは完全に私のものでもなければ、まったく新しいものでもありません。「英雄」——不滅の記憶を残すような真に並外れたことを成し遂げた人——という概念は古代ギリシャに起源を持ちます。１８４０年代にスコットランドの歴史家、トーマス・カーライル（Thomas Carlyle）が行った英雄主義に関する一連の講義は、最終的に「偉人論」（Great Man Theory）を生み出しました。これは、優れた知性、英雄的な勇気、並外れたリーダーシップ能力、あるいは神からの霊感といった生来の属性によって、極めて影響力がある独特な個人が人類の歴史を支配する、という見方です。

これらの個人を特別なものにしているのは何でしょうか？　メルカド・リブレの例では、

創業者たちは成功を現実のものとするための４つの資質を持っていました。

①徹底的な自己信頼
②深い知的好奇心
③大きなリスクと賭けを厭わない意欲
④長期的目標への不屈の集中力

これらは、どんな人にも見出すのが難しい稀有な資質であり、大きな組織では決して見つからないものであるということに留意してください。

過去数千年を振り返ると、国家を築き、軍隊を率い、さらには宗教を創始した指導者たちを特定することができます。カーライルの偉人論は、預言者から詩人、王に至るまで6種類の英雄を詳述していますが、現代の文脈では、私は会社の設立、特に急成長するテクノロジー企業の設立こそが、並外れた個人が全世界規模で経済発展と人類の進歩に貢献するための最大のプラットフォームの１つであると信じています。

このように、私のＲＩＴ理論は、19世紀に大いに議論されたカーライルの理論をさらに発展させ、21世紀においてこのような並外れた個人が（重要な点として、全員が男性というわけではありません）、主にビジネス、アントレプレナーシップ、テクノロジーを通じて、何百万もの人々の生活にポジティブな影響を与えることができることを示しています。

波紋が大きな波になる

並外れた個人の理論について、議論すべきもう1つの極めて重要な側面があります。それは私が18年勤めてきたエンデバー（Endeavor）では「乗数効果」（the Multiplier Effect）と呼ぶものです。これこそが、傑出した個人が自分たちの世界に並外れた影響を与えることを可能にするのです。彼らは自分たちの会社をより良くするだけでなく、周囲のエコシステムをより良くします。より豊かに、より活気に満ち、より生き生きとさせるのです。真に並外れた個人の影響は、しばしば1つの会社を遥かに超えて広がります。メルカド・リブレの場合、マルコス・ガルペリンは今や30年近くCEOの座にあります。その間、1000億ドル以上の価値を持つ会社を築き上げただけでなく、何十もの企業をメンターとしてサポートし、エンジェル投資を行い、自社の従業員のうち100人近くが独立して起業するよう鼓舞してきました(「乗数効果」の詳細はここで見ることができます[https://multipliereffect.endeavor.org/the-multiplier-effect])。

共同創業者のカザとセケシーにとって、彼らの乗数効果はメルカド・リブレを遥かに超えて広がっています。2人は2011年、ラテンアメリカで最も成功したテクノロジー企業に約15年間身を置いた後、会社を離れ、次世代の創業者たちを支援することにしました。そして2人はカセック・ベンチャーズ(Kaszek Ventures)を設立しました。これは、ラテンアメリカで初めての真の「シリコンバレー型」ベンチャーキャピタルファームの1つで、現在8つのファンドにわたり30億ドル以上の運用資産を持つまでに成長しています。

この2人の「並外れた個人」が積極的に次世代の「並外れた個人」に投資し、メンターとしてサポートすることで、真の成功のフライホイール(好循環)が生み出されます。実際、カセックのポートフォリオ企業の最終的な影響は、メルカド・リブレのそれをも凌駕する可能性があります。時価総額700億ドル以上のヌーバンク(Nubank)、評価額100億ドル以上のカヴァク(Kavak)などの企業が先導する中、この新世代の企業群は、最終的に数千億ドルの価値と数十万の雇用を創出する可能性があります。

これこそが「並外れた個人の理論」の実践です。そして、もしこれがアルゼンチンで可能ならば、他のどこでも機能し得るのです。これからお読みになるこの本にとって重要なのは、これが日本でも機能するということです。そしてこれは、実際に日本でも有効でしょう。私たちがすべきことは、これらの「並外れた個人」が活躍できるようにすることだけです。それがどういうことなのか、説明しましょう。

日本に並外れた個人がいるのか？ イエス！

シリコンバレーの近くで育ち、20年近く起業家と仕事をすることを専門にしてきた私は、素晴らしい才能はあらゆる場所に存在しているという考えを深く信じています。ですがこのような素晴らしい才能が最大限の可能性を発揮できるようにするための知識、ノウハウ、経験、そしてスマートに繋がる資本（人的資本と金融資本の両方）のネットワークは普及していません。そして長年、才能ある人々は、シリコンバレーのような知識と資本の中心地に物理的に移動することを常としていました。

しかし、その動きは変化しつつあります。メルカド・リブレの物語、そして他の数十の同様の物語が示すように、並外れた個人たちは、どこにいても世界クラスの企業を築けるようになってきています。これにはメルカド・リブレのようなラテンアメリカの企業や、東南アジアのシー(Sea)やグラブ（Grab）など、国内市場や地域市場向けの企業だけでなく、ほぼすべての大陸で生まれたグローバルな企業も含まれます。スポティファイ(Spotify)はスウェーデンで、ショッピファイ（Shopify）はカナダで、キャンバ（Canva）とアトラシアン（Atlassian）はどちらもオーストラリアで設立されました。このリストはどこまでも続き、それぞれの国での乗数効果も同様です。

日本も例外ではありません。この国の人口の中に並外れた個人が散りばめられています。確かに、彼らは非常に稀な存在です。しかし、どの社会でも稀なのです。仮に「100万人に1人」と見積もったとしても、日本には少なくとも100人以上のこういった人々がいることになります。そして、それはほんの数人いれば十分なのです。

日本の並外れた個人の可能性を最大限に引き出すには、彼らが本当に物事を「大きく考えられる」（THINK BIG）環境が整っている必要があります。先ほども述べた通り、長い間、それはシリコンバレーへの移住を意味していました。しかし、世界中の最高の才能をシリコンバレーに集めるのではなく、「シリコンバレーの考え方」を世界に、そして日本にもたらす条件が整ってきているのです。

簡単そうに聞こえますよね？

いいえ。これは簡単ではありません。なぜなら、並外れた個人が社会にイノベーションを起こす理論を深く理解し、かつ日本の社会と文化を深く理解している人の数はとても少ないからです。世界中でおそらく数十人、これも控えめに見積もってのことですので、実際にはおそらく10人未満でしょう。そしてこの本の著者、フィル・ウィックハム氏は、この極めて稀な人々の1人です。彼のユニークな個人的、また職業的なバックグラウンドによって、彼は日本の読者の皆さんに並外れた個人が起こすイノベーションの理論を紹介できる最適な人物だと私は考えます。

私は2009年にエンデバーでの仕事を通じてフィルと知り合いました。エンデバーは世界中の起業家を選抜し、トップのリーダーに育成するための世界最大級のNPOです。その後2011年から2013年にかけて、私は世界的に有名なベンチャーキャピタリストの養成機関であるカウフマン・フェローズ・プログラムに参加する幸運に恵まれ、フィルは当時カウフマンのCEOを務めていました。過去15年以上にわたり、私たちは一緒にパネルディスカッションに参加し、若いベンチャーキャピタリストを指導し、ほぼすべての大陸で公共および民間セクターのリーダーたちにアドバイスをしてきました。私はフィルから数多くの知恵の欠片を集め、エンデバー・カタリストをAUM5億ドル以上、十数カ国で50以上の「ユニコーン」投資を持つグローバルVCファームに育て上げた自身のキャリアにおいて、フィルにアドバイスとメンタリングを求めてきました。

ですから、はっきりと申し上げましょう。これから皆さんがこの本でお読みになることは信頼に値するものです。フィルは自分の専門分野に精通しています。彼はスタンフォード大学でイノベーション・エコシステムの構築に関する授業を教えています。そして50カ国以上でこれをどのように行うかについてのアドバイスをしてきました。これらは単なる個人の意見や重みのない信念といった以上のものです。この本で彼が皆さんと共有するのは、起業家のエコシステムがどのように、そしてなぜ機能するのか、そして日本がこのプレイブックに従ってこれから数十年で経済を変革できる方法についての極めて基本的で基礎的な原則です。並外れた個人が社会でイノベーションを起こす理論は、これらすべてにおける重要な概念であり、フィルはこの本でそれを見事に説明しています。

フィルが「はじめに」で述べているように、この本はすべての人のためのものではありません。そして、それで構いません。しかし、この本が対象としている2つのグループ——並外れた個人と、そしてそのような人々が勝利するための場を提供できる立場にある権力者や影響力のある人々にとっては、非常に重要な本です。そして、今まさに読むべき本なのです。

はじめに

すべては深く強固な基礎から始まる

2022年の冬、私は日本政府の新しいスタートアップ政策と、それに関するニューズピックス、読売新聞、日本経済新聞の記事を読んで非常に苛立っていました。怒りさえ覚えていました。過去25年間、チリやドバイなどの政府がイノベーションを加速させようとして巨額を投じた、大げさなトップダウン型のプログラムの試みを見てきましたが、どれも成功しませんでした。そして今、日本が同じ轍を踏もうとしているのです。

このことに2つの理由で怒りを覚えました。1つは、私が日本に特別な愛着を持っているからです。私は過去およそ30年、定期的に日本で暮らしてきました。満員電車で仕事に行き、岡山で備前焼を作り、富良野のラベンダー畑を歩きました。日本のパスポートを持つ2人の娘をここで育て、ベンチャーキャピタリストとしてのキャリアをこの国で築いて来ました。

政府の発表に苛立ったもう1つの理由は、イノベーションを育むためのより良い方法を私自身が知っているからです。私はスタートアップとベンチャーキャピタルのエコシステムに35年以上身を置いてきました。その始まりは、世界中の優秀なベンチャーキャピタリストやイノベーターのためのMBAプログラムとも言えるカウフマン・フェローズ・プログラム（Kauffman Fellows Program）でした。1997年にカウフマンを卒業し、2008年から2016年までは運営者としてこのプログラムに携わり、また10年近く理事会を率いてきました。そして、自分の会社であるSozo Venturesを設立し、現在は日本企業と世界で最も革新的な企業を結びつけるためのプラットフォームを作っています。またパートナーたちと共に、スタンフォード大学で研究、教育のセンターを立ち上げ、イノベーション・エコシステムの構築方法に関する講義を担当しています。これらの取り組みを通じて、これまで50カ国以上で刺激的なスタートアップの成長を支援する幸運に恵まれました。

端的に言えば、私はそれを見て、実践し、そして教えてきました。イノベーションを生み出すために何が効果的かを知っています。だからこそ、日本政府の計画が莫大な金銭と才能の無駄になるとわかったのです。

ニューズピックスの編集者である豊岡愛美さんに私の懸念を話したところ、彼女も同じように感じていました。私たちは2人とも苛立ちを覚え、何かをしたいと切望していました。そこで彼女と私は、シリコンバレーや世界中で効果を上げてきた方法について、ニューズピックスで1年間にわたるシリーズ（https://newspicks.com/topics/phil-wickham/）を開始することにしました。私の基本的なメッセージは、イノベーションにおける記念碑的な突破口は、お金をかけた大規模なトップダウン型の政府のイニシアチブではなく、個人のビジョンと推進力から生まれるということです。つまり、委員会や政府ではなく、ほんの数人の天才、シリコンバレーで私たちが愛情を込めて「フリーク（変わり者）」と呼ぶ人々が必要なのです。わずか数人の「並外れた個人」が指数関数的な影響を与えることは、これまでスタートアップのエコシステムが生まれた世界数十カ国でも、またスタンフォード大学のスタートX（StartX）でキャメロン・テイトルマン（Cameron Teitelman）が、Yコンビネーター（Y-Combinator）でポール・グレアム（Paul Graham）が、そしてカウフマン・フェローズ・プログラムでトリッシュ・コステロ（Trish Costello）が創設した世界クラスのスタートアップ・プラットフォームでも証明されています。

今日爆発的に成長しているラテンアメリカのスタートアップ・エコシステムの成功とエネルギーの多くは、アルゼンチンのメルカド・リブレの創業CEOであるマルコス・ガルペリンに遡ることができます。イスラエルではギル・シュエッド（Gil Shwed）がチェックポイント（Check Point）を創設し、北欧諸国ではダニエル・エク（Daniel Ek）がスポティファイ（Spotify）を立ち上げました。彼らのようなわずか数人の並外れた個人が、自国に大規模な社会的イノベーションをもたらしたのです。そして彼らがやったことはネットワークや資本の導入だけでなく、人々が「大きく考える」（THINK BIG）ことも助けました。

これらの成功事例の共通点は何でしょうか？　まず最も重要なのは、優れたイノベーターを見出すためのモデルと原則です。このような才能を評価する方法は、大学や企業のやり方とはまったく異なります。そして特別な個人やチームを特定したら、彼らが加速度的な学習の文化と世界トップクラスのアドバイスやメンタリングへアクセスできるように支援することに焦点を当てます。

近年、日本の若いイノベーターの多くが、自分たちのアイデアが理解される場所を求めてシリコンバレーに逃げ出していました。ですが、その状況は少しずつ変わり始めています。成功したテック業界の人々が東京を世界最高の都市だと考えて各国から移住してくるようになり、日本の状況は急速に、非常にエキサイティングな方向に変化する可能性を秘めています。

だからこそ私は日本の未来にとても興奮しています。シリコンバレー、イスラエル、ベルリン、ストックホルムで起きているようなイノベーション革命を起こすために、日本が大きく変わる必要はありません。日本にはイノベーションの主要なプレイヤーになるために必要なものがすべて揃っています。ここには富も技術も市場もあります。あと必要なのは意志と自信です。わずか数人の「変わり者」を見つけ、育てる必要があります。彼らがここにいることを私は知っていますし、彼らを見つける方法も知っています。

日本の多くのリーダーたち、さらには私の友人や同僚の中にさえ、「私たち日本人は革新的ではない」と言う人がいます。これは2つの点で私を苛立たせます。1つ目は、「私たち（部族／国）は革新的ではない」というのは世界中で言われていることです。すべての人々のグループがそのリスクを負うことを恐れています。だからこそ、私たちには勇敢で才能があり、決意を固めた数少ない人々、つまり「変わり者」が必要なのです。

そしてこの態度が私を苛立たせるもう1つの理由は、それが真実ではないからです。日本はあらゆる種類の創造性にあふれています。1995年、私が3年間日本で暮らしアメリカに戻ったばかりの頃、アーチ・ベンチャー・パートナーズ（ARCH Venture Partners）の伝説的な創業者で元東アジア担当国務次官のスティーブ・ラザルス（Steve Lazarus）に、アメリカ人が日本について持つ最大の誤解は何かと尋ねられました。私は経験に基づいて、平均的な日本人は平均的なアメリカ人よりもはるかに個性的で創造的で、想像力豊かだと答えました。アメリカでは外見は皆違って見えるかもしれませんが、内面は相当予測可能です。日本人は外見上はアメリカ人より似通っていて、服装も画一的かもしれませんが、内面は遥かに多様です。

建築、映画、ファッション、ゲーム、文学、芸術など、ほぼすべての創造的な産業で日本は圧倒的な存在感を示しています。しかしスタートアップによるイノベーションにおいては、残念ながら世界の多くの地域に比べて大きく後れを取っています。ただし、これは日本に創造的なビジネスマインドが欠けているせいではありません。単に日本には、「フリーク」が成功する道筋がないだけです。そしてこの本は、その道筋を示そうとする私の試みです。

2022年に刊行した共著『ベンチャー・キャピタリスト——世界を動かす最強の「キングメーカー」たち』（NewsPicksパブリッシング）では、世界最高のベンチャー投資家たちの驚異的な成功を掘り下げました。彼らに、どのようにベンチャーファームを構築し運営しているかを明かしてもらい、最も興味深い投資を紹介してもらいました。フラッドゲート（Floodgate）のアン・ミウラ・コー（Ann Miura-Ko）はリフト（Lyft）について、アクセル（Accel）のアンドリュー・ブラッシア（Andrew Braccia）はスラック（Slack）について語りました。この本が多くの人々に読まれたことを誇りに思い、感謝しています。しかし、すぐに私は、彼らのような人々が世界をより良い方向に変える企業を構築することを助けた行動や選択については、詳しく説明することができなかったことに気づきました。彼らが何をしたかは読者に伝えましたが、一体どのようにそれを行なったかについては十分に伝えられませんでした。

今回の本で私が伝えたいのは、まさにそのことです。イノベーションには神秘的なイメージがありますが、そのプロセスは実はかなりシンプルです。やるべきは、あなた自身、共同創業者、従業員、投資家、販売業者、そして最も重要な顧客を興奮させる魅力的な物語《ナラティブ》を構築することです。これは素晴らしい映画の脚本のようなものと考えることができます。物語を作ることは難しく、しかも素晴らしいものは稀です。起業家たちは、スティーヴン・スピルバーグや是枝裕和が映画にするような魅力的な物語を手に入れたら、（スタートアップの平均寿命である）9.8年をかけて大きな成功を築く必要があります。それには、オリンピックのチャンピオンのようなマインドセットと献身、決意、そして仕事に対する倫理が必要です。そして、これらのビジョナリーなＣＥＯたちは１人ではそれを成し遂げられません。彼らを支持し、称賛する環境が必要です。

これがこの本の本質的なメッセージです。日本の「並外れた個人」に勝利のための最高の舞台を与えてください。そうすれば、彼らは勝つことができるでしょう。

どうやってそれを実現するのか？　私には一種の「オペレーティングシステム」があります。日本とシリコンバレーで長年にわたって開発されたシステムです。その一部は私が作り出しましたが、ほとんどは世界中の大胆で輝かしい人々を観察し、研究することから学びました（南極大陸以外のすべての大陸です）。私は自分が深く関心を持つ、非常に大きな問題に取り組むのが好きです。そしてよく知る、信頼できる人々と協力し、最大限のスピードと精度で協働します。私はシリコンバレーの最高のリーダーやイノベーターたちに見られる最高の特性を模倣しようと努めています。それは自己認識、好奇心、そして謙虚であることです。シリコンバレーのスーパースターＶＣたちが集まって、成功ではなく、最も愚かな取引や最大の失敗を自慢し、笑い合うのを見るのは楽しいものです。これは弱者の振る舞いではありません。強者の謙虚さと自己認識によるものです。私はこの強さの一部を日本にもたらしたいと思っています。

私はよく、自分はただの学生だと言います。実際、60歳の今の私は、アリゾナ大学で工学の学位を取得しようとしていた40年前の20歳の頃と比べて、１０００倍も熱心な学生です。私の目標は今、地球上で残された時間の中で、学習の効率を年々高めていくことです。この本が、あなたの年齢に関係なく、あなたの内なる「学生」を奮い立たせる助けになることを願っています。

この本を構想していた2年間、日本の友人や同僚から、ここで提示されているアイデアは楽観的すぎる、日本ではイノベーションは起こらないと繰り返し言われました。しかし、そうした批判は間違っています。私はこの本がすべての人のためのものではないことを知っています。それでいいのです。この本はすべての人のために書かれたのではありません。日本を並外れた個人、変わり者、そして彼らを支援したい人々のために書かれたのです。日本をグローバルなイノベーションのハブにしたいと考える人々のためのものです。

この本は、多くの人にとって安全なものではないかもしれません。完全には理解できない部分もあるかもしれません。しかし私は――スタンフォードの学生たちに言うように――洞察と破壊の絶妙なバランスを提供したいと思いました。私は、長年にわたって学び、使用するようになったツールやフレームワークの多くを皆さんに提供したいと思います。しかし同時に、皆さんにもまた安全な慣習に挑戦し、この本の主旨を理解しようと苦心してほしいのです。これが簡単で明白なものではないことは承知しています。私自身、これを理解し、人生とキャリアに取り入れるのに一生かかりました。そして今でも学び続けています。

私の目標は、日本で飛躍を待っている並外れた才能を解き放つ手助けをすることです。この本は、その潜在能力を引き出すための鍵のセットとして設計されています。

超高層ビルや長寿の木と同じように、すべては深く強固な基礎から始まります。日本は決して革新的にはなれないと言う人々に、私はこう言います。

「周りを見てください」

なぜなら、それはすでに起こっているからです。その多くは、地中に張られた竹の根のように、訓練されていない目には見えませんが、いつか急速に成長するでしょう。それがこの国で起きた時、私たちは共に喜びましょう。

第 1 章

日本のスタートアップ・エコシステムの誕生

日本がスタートアップのハブになる理由

２０２２年、日本政府はスタートアップのエコシステムを創出するための「スタートアップ育成５か年計画」を発表し、政策の強化や人材育成、また大学のエコシステムを核とするディープテックシーズの創出強化などを掲げました。ベンチャーキャピタリストとしておよそ35年、世界50以上の都市でスタートアップ・エコシステムが生まれるのを見てきた私は、この計画の発表から10年目にあたる２０３２年までに日本が世界の重要なスタートアップのハブになる可能性を感じています。その根拠は、この国が持つ大きな優位性です。

しかし、それだけではイノベーションは起きません。願うだけでなく、実現のためにすべてのことをやり通す、とても強い意志が必要です。

この本では、日本でイノベーションを起こすために私たちがこれからやらなければならない最も本質的なことを書きます。いわば、私がベンチャーキャピタリストとして35年の間に培ったイノベーション・エコシステムのベストプラクティスを民主化する試みです。

日本にはこの地球上で最高レベルのＱＯＬ（生活の質）があり、ディープテックへの高い関心、世界3位の経済規模、そして極めて優れた交通インフラがあります。日本のビジネスの意思決定の約80パーセントが東京で行われ、この都市の中を少し電車で移動すれば他のイノベーターや意思決定者にすぐに会いに行くことが可能です。このような場所は地球上の他のどこにも存在しません。野心的なスタートアップにとって極めて肥沃な土壌です。日本のイノベーション革命の最大の課題は、「外」に目を向け、シリコンバレーの「神々」を崇拝するのをやめることです。答えは常に「内」にあります。日本はすでに答えを持っています。「内なる呼びかけの追求」は日本の人々の中に豊かに流れています。

ここで大事なのは、イノベーションは困難であり、最初の試みでうまくいくことはほとんどない、ということです。急激な変化を遂げて世界的なイノベーションのハブになる可能性を秘めた存在として、多くの専門家が現代と明治以前の状況を比較していますが、19世紀の日本が近代化を果たすまでに幾度かの試みを必要としたことを思い出すべきです。封建制度から資本主義へと移行し「４００年前から生きていたかのように感じるほど劇的な変化が起きた」と、ある外国人が証言したように、短期間に急速な変貌を遂げた明治の日本は、進歩的な官僚たちが広範な改革を実施し、一世代の間に孤立した国家から現代的な世界の大国となりました。[1]これは人類史上最大の文化的変革の1つです。

そして明治と現代の革命の背後には、国内問題の増加や世界の大国と対等に立つ必要性、また古い習慣を捨てる意欲や、個人の人生の追求への願望など、驚くほど似通った動機があるように見えます。

それが１８６８年……そして今は２０２４年です。

現代の日本に駐在する外国人の私は、明治時代を彷彿とさせる野心的な革命の萌芽を目にしています。今後10年間で創造性の津波が東京を世界的なイノベーションのハブにするかもしれません。大胆かつ重要な企業がここで生まれ、成長していくでしょう。シリコンバレー、ベルリン、上海、テルアビブなどの場所から企業がここに移り、さらに大きく成長していくでしょう。


ベルリンやシンガポールでそうだったように、繁栄するスタートアップのエコシステムにはいくつかの重要な共通点があります。その国の可能性に惹きつけられた他国からの移住者が増えること、そしてその土地に集まった国内外の才能が、適切な支援のシステムやパートナーを得ることです。

日本はこれまでソニーや任天堂といったビジネス、伝統文化、ポップカルチャーなどの分野で多くの天才を輩出し、世界を魅了し続けて来ました。唯一無二の魅力を備えている国であり、さらに近年外国人にとって以前より遥かに訪問しやすい環境が整ってきました。

２０２３年12月のブルームバーグの記事[2]で、東京はアジア太平洋地域の主要金融ハブの中で生活コストの良さの指標においてナンバー１に選出されています。そこで述べられている理由は、多くの都市に比べ生活費が抑えられること、清潔であること、大気汚染のレベルが低いこと、人々の礼儀正しさ、食事（ミシュランのレストランがある）などで、日本の人にとってはあまりに平凡に感じられるかもしれませんが、これらの生活の質の高さはこの国が誇るべき美点です。

また２０１８年には外国人起業家向けの「スタートアップビザ」制度が開始、２０２４年には「デジタルノマドビザ」の受付も始まりました。２０２１年の東京オリンピックをきっかけに空港や駅、主要な観光施設などの多言語対応、キャッシュレス、Ｗｉ－Ｆｉの導入などが進み、インバウンド市場も盛り上がっています。このような施策が数多く実施されたことで、日本は外国人にとってさらに魅力的な場所となりました。

そして今、世界のテクノロジー移民たちが東京に押し寄せています。

イノベーターたちがエンジェル・ファイナンスのムーブメントを巻き起こし、時には日本の人々と一緒にスタートアップを立ち上げ、シリコンバレーの投資家たちの関心を集めています。東京とカリフォルニア州レッドウッドシティに拠点を置く私の会社Sozo Venturesにもこのような投資先企業が3社あり（Play.co、Callback、Need）、さらに多くが次に続く見込みです。

グーグル出身のＡＩ研究者らによるサカナＡＩ（Sakana AI）も日本で設立され、２００億円の資金を調達したことは大きなニュースになりました。[3] そしてオープンＡＩ（OpenAI）もアジア初の拠点を東京に開設しました。[4] サカナＡＩは日本に拠点を置くことを決めた理由として人材への期待を挙げ、日本人の技術面と創造面における才能の高さに言及しています。創業者のライオン・ジョーンズ氏は次のように述べています。

「日本で会社を立ち上げると言うと、アメリカなどから人材を連れてくるのは難しいと話す人もいましたが、実際には、すでに多くの人たちが、海外から私たちに仕事を求めるメールを送ってきています。日本は、私たちが雇いたいようなコンピューターサイエンスのオタク的な人たちに、特に愛される国なのです[5]」

またオープンＡＩのサム・アルトマンは同社の東京オフィス開設の理由について「日本には、人とテクノロジーが共通の利益のために協力し合う豊かな歴史があります。私たちは、ＡＩが日本の人々の創造性と生産性をさらに高め、テクノロジーとイノベーションにおける日本のリーダーシップによって、世界の進歩への貢献をさらに推進すると信じています」と述べました。[6] オープンＡＩは２０２３年に楽天とのパートナーシップを発表していますが、日本法人のＣＯＯブラッド・ライトキャップ氏は、１週間に２００万人以上の同社サービスの利用者がいる日本市場の重要性を強調しつつ、将来的にはさらに他の日本国内のベンダーと協業する可能性にも触れました。[7]

そしてもう１つ、日本人にとってあまりに当たり前に感じられる、しかし大きな優位性があります。それは世界最高レベルの交通インフラです。なぜそれがスタートアップにとって重要なのでしょうか？　経済力へのアクセスは、その都市が持つイノベーションの潜在力を示す根拠として見なされます。例えばカリフォルニアは、１つの州でありながらドイツや日本に次いで、インドを上回る世界第５位の経済規模を持っていますが、カリフォルニアの移動の利便性はシリコンバレーの成功の隠れた触媒であるとしばしば言われます。スタートアップはルート１０１を数時間走れば、顧客となる大企業に簡単に製品を売ることができますし、ロサンゼルスへも１時間半ほどのフライトで移動が可能です。このような市場は、アメリカの他のどこにも、またヨーロッパ、シンガポール、中国にもありません。

先ほどオープンＡＩと日本企業の協業の話が出てきましたが、例えばそのようにパートナーシップを検討しようとする際、多くの重要な企業や大学や人々にすぐに会いに行く

トップ50の都市で最も急成長している
スタートアップ・エコシステム

StartupBlinkの2020年グローバルエコシステムランキングにおける順位上昇順

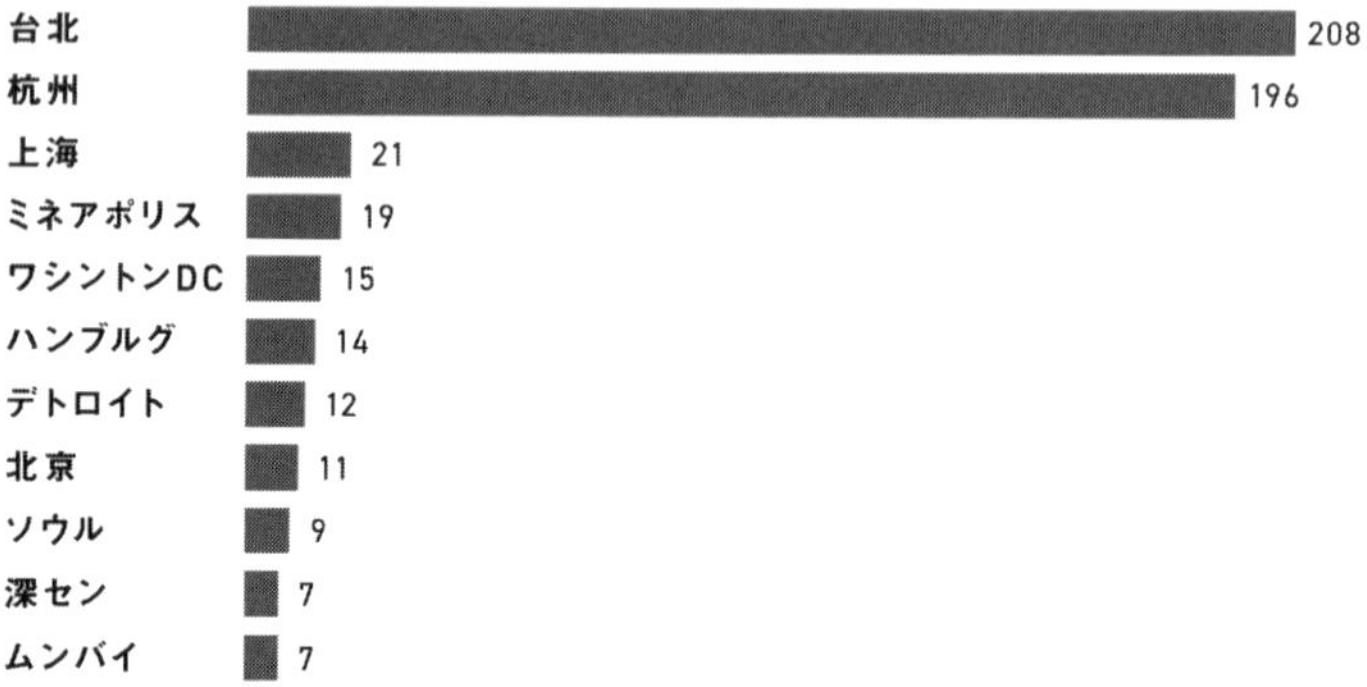

StartupBlink "The 10 Fastest-Growing Startup Ecosystems" October, 9, 2020
(https://www.startupblink.com/blog/the-10-fastest-growing-startup-ecosystems/, 2024年8月8日最終閲覧)
のデータをもとに日本語版を作成

ことを可能にする日本の交通機関の利便性がいかに威力を発揮するか想像してみてください。アメリカなら飛行機や電車で移動している間に、東京であれば同じ時間で一体どれほどの人々に会い、ミーティングをこなすことができるでしょうか？　東京を中心とする首都圏には私鉄や地下鉄が張り巡らされ、徒歩圏に複数の駅が存在します。数分間隔で運行する電車が、驚異的な時間の正確性を維持しています。また新幹線によって日本全国の都市への移動も容易で、企業や人々に即座にアクセスできます。これは日本の人があまり自覚していないかもしれない、イノベーションにとっての特筆すべき強みです。

今挙げたような日本の優位性は、かつて孤立した封建社会だった日本がわずか30年で世界的な産業大国に変貌を遂げた明治時代のように、現代の日本が再び革命前夜にあると私が信じる理由のごく一部に過ぎません。カウフマン・フェローズ・プログラム（新興投資リーダーのための教育とネットワークプラットフォーム）での最初の30年間、そしてSozo Venturesでの経験を通じて、私はこれまでシンガポール、ダブリン、ストックホルム、ニューヨークなど50以上の都市でイノベーション・エコシステムがベンチャーファンドの支援で立ち上がるのを見てきました。そのようなエコシステムの誕生のストーリーについて私が知っていること、そして私が日本を愛するすべての理由が、日本でも同じことが起こると確信させます。

天才を支援するエコシステムを構築する

この国には成功するための条件が揃っています。でもまだ真に機能するスタートアップのエコシステムがありません。日本がイノベーションを起こすためにはいくつか解決すべき課題があります。この本では、イノベーションを起こしうる「天才」を発見する方法、そのような天才が生み出す無限のアイデアを適切に支援するエコシステムを構築する方法、アイデアを検証するための実験のやり方とマインドセットを紹介します。それらを最大限の形で生かすためには、現在の日本が抱えている課題と、変化の必要性を自覚することも必要です。

日本はどのように変革するのか、そして他国から何を学べるでしょうか。最初に理解すべきは、イノベーションはしばしば「恐怖」を引き起こすものだということです。イノベーターは、過去の経験から学び、完璧を追求することにこだわるのではなく、未来の発明に100パーセント全力を注ぐ生活へと転換する必要があります。そして実は、これは人類が進化の過程で習得したほとんどすべてのことに反しています。

それはこういうことです。人間は「確実性」を好みます。例えばプロセスの確実性、人間関係と序列の確実性、結果の確実性などです。しかしイノベーションの世界では確実なことは何もなく、そこにあるのはせいぜい「確率」です。適切な手法を取り入れることで成功の確率を高めることはできますが、保証はありません。

私たちの脳は先史時代から生存を目的として進化しており、不確実性に脅威を感じるようにできています。そのため、確実なものが何もないイノベーションの世界は非常にリスキーに見えます。でも実際にはまったく危険ではありません。もし私たちが10万年前の古代の部族として生きていたなら、文化や環境のどの部分でも不確実性は死に直結したでしょう。しかし今日ではエゴへの脅威に過ぎません。

「このスタートアップが失敗したら、私は恥をかき、評判が傷つく」ということです。これは日本でも、世界のほとんどの地域でも当てはまります。しかしイノベーションに失敗してもあなたは死にはしません。飢えることもありません。ただ別の仕事を見つけるだけです。

シリコンバレーについての最も厄介な誤解が1つあります。私は100人以上の当事者ではない人々が「シリコンバレーでは失敗を恐れる必要はない。シリコンバレーは実際には失敗を歓迎している」と言うのを聞いたことがあります。それは真実ではありません。シリコンバレーは「成功」を望んでいます。

シリコンバレーのスタートアップが財務予測を下回っても、その経営陣が屈辱と破滅に追い込まれない理由を理解するには、この状況を異なる視点から見る必要があります。

シリコンバレーは巨大な実験室です。その主要な構成要素であるスタンフォード大学、カリフォルニア大学バークレー校、VC企業、スタートアップ、サービスプロバイダーなどもすべて実験室です。私たちは常に100パーセント未来を発明していて、自分たちにできる最善の努力は実験を設計し、それを実行することです。実験は決して予想通りにはなりません。だから「正解か不正解か」や「成功か失敗か」といったものはありません。私たちは12〜18カ月先の実験を設計し、その成果について経験に基づいた推測を立て、実行します。

そこで得られた最初の結果から私たちは実験を修正します。もし予想を上回る成果を上げれば、さらにリソースと人材を投入するかもしれません。わずかに予想を下回れば、リソースを絞り、焦点を絞るかもしれません。市場に驚きがあれば、大きな方向転換をするかもしれません。あるいは、単に悪いアイデアだったか、時期尚早なアイデアだったために、シャットダウンされるかもしれません。

最適とは言えない結果の後でも2度目、3度目のチャンスを獲得できるスタートアップリーダーたちは、製品と市場の実験を実行し、測定し、再設計する能力によって多くの信頼を得ています。

日本が備えている豊かなリソースを生かしてイノベーション革命を起こすためには、このような実験的な思考方法を取り入れ、変わり者やはみ出し者を育てることが必要です。必要なのは、意志を持ち、進むべき道筋を知ることだけです。日本全体の大規模な改革や人材の抜本的な再編成は必要ありません。「カイゼン」のような手法の活用を検討するのです。少数の型破りな才能を見つけ出し、彼らに成功に必要なトレーニングとリソースを提供し、個々人の天性の才能を正しいやり方で支援すればいいのです。

明治維新では、日本は工業化のベストプラクティスを欧米から輸入することに重点を置きました。現代の「明治維新2.0」の推進力は、自己実現のベストプラクティス、つまり自己発見、ナラティブ、信頼を導入することです。これらは、個人および社会における大胆なイノベーションの基本的な要素です。

日本でも、また他のどの地域でも、文化を完全に変えるために多くの人を必要とはしません。意志を持つ少数の人がいれば、変化を生み出すことができます。イノベーションの栄光を達成するために必要なプロセスに真に取り組み、コミットできる恐れ知らずの人々は豊富にいるわけではないので、少人数で変化を起こすことができるというのは吉報です。イノベーションの道は対立、不確実性、リスク、ストレス、プレッシャー、抵抗、拒絶に満ちています。その道を歩むには、特別な種類の人が必要です。誰でもいいわけではありません。それに加えて特別な勇気とトレーニング、適切な動機と道案内が必要です。

ジュニパーネットワークス（Juniper Networks）の名誉CEOであるスコット・クレンズ

（Scott Kriens）氏は、特許や方法論は貴重な知的財産（ＩＰ）ではあるものの、最も強力な知的財産は「インスピレーション」だと述べています。人は目に見えるものを信じます。他の人が成功しているのを見て、自分にもできると思うのです。ダニエル・エク（Daniel Ek）氏がスウェーデンでスポティファイ（Spotify）というスタートアップを起業したとき、スウェーデンはイノベーションに関して現在の日本よりも遥かに遅れていました。それはイノベーターにとって何もない場所でした。大胆なアイデアがあるなら去るべき場所でした。しかし、エクのスポティファイの驚異的な成功は、スウェーデンを最良の形で爆発させました。北欧の起業家たちが自分たちの力で実現可能であると考えるものを劇的に増加させました。現在、スポティファイやクラーナ（Klarna）、キング（King）などの多くの成功したスタートアップが本拠を置くストックホルムは、１人あたりの10億ドル企業の数でシリコンバレーに次ぐ第2位を誇ります。経済協力開発機構（ＯＥＣＤ）のデータによると、スウェーデンには１０００人の従業員あたり20のスタートアップがあり、アメリカではわずか5つです。現在北欧諸国は、ヨーロッパ全体よりも多くのユニコーン企業を創出しています。

　スウェーデンで起こったような驚異的な成長は、日本でも起こり得ます。日本は、イノベーションを生み出すための準備が既に整っているのです。

北欧から生まれたユニコーン

- 人口2600万人で27のユニコーンが誕生。
  1人あたりの割合ではシリコンバレー以外で最多のユニコーン。
- 10万人あたり3.4のスケールアップ企業。
  ヨーロッパで最も高い密度のスケールアップ企業を有する(ヨーロッパの平均は10万人あたり1.0)。
- ヨーロッパの人口のわずか4%で10億ドル規模の企業売却(2005年以降)の9%を生み出す。
  ヨーロッパの他の地域では残りの96%の人口で8%の企業売却に留まる。

北欧のユニコーン企業

Bambora	Kahoot!	NorthVolt	Supercell
Bolt	King	Pipedrive	Tradeshift
Chainalysis	Klarna	Playtech	Transferwise
Evolution	Mojang	Rovio	Trustpilot
Gaming	MySQL	Sitecore	Unity
iZettle	Net Company	Skype	Wolt
Just Eat	Net Entertainment	Spotify	Zendesk

Innovation Lab Asia "A Guide to Nordic Innovation: Europe's Unicorn Factory 2021" p.8-9, p.22 (https://innovationlabasia.dk/wp-content/uploads/ILA-report_Nordic-ecosystem_FINAL.pdf, 2024年8月8日最終閲覧)をもとに日本語版を作成

ピースはすべて揃っています。あとは誰かが、小さなイノベーターのグループが、それらを組み合わせて導火線に火を点けるだけです。日本には、リスクを冒す人々を理解し称賛するために尽力する、小さくても情熱的なメディア業界があります。そして年配の世代も、スタートアップが子供たちにとって魅力的な道であることを知っています。しかしこの国はまだ、文化的な制約をすべて取り払ったときに何が可能かというインスピレーションや、前例を持っていません。まだ日本の「ダニエル・エク」がいないのです。

今でもすでに日本には創造的なリスクを取る人々がいて、チャンスを待っています。先ほども言ったように、道を示す

パイオニアが数人いれば十分です。行き先を照らすために。難しいのは、最適な個人と種を見つけ出し、政府や企業が彼らの成長を育成、支援するための最善の方法を学ぶことです。

イノベーションリーダーたちの基本原則

私は過去30年以上イノベーションリーダーの育成に携わってきました。その経験から、彼らの成功にはいくつかの基本的な原則があることがわかりました。

まず1つ目の原則は、彼らのようなベンチャーキャピタリストたちは私たち人類の文明がまったく新しいステージに突入したことに気がついている、ということです。人類はこの数千年の間に狩猟採集社会から農耕社会、工業社会、そしてポスト工業社会へと移行しました。200年足らずの間に、人間の平均寿命は野生のチンパンジーの約35年から、先進国で今日生まれる赤ちゃんであれば100年以上にまで延びました。同じ期間に、製品のライフサイクルやそれを生産する企業のライフサイクルは、技術の大変革によって劇的に短縮されました。この千年紀のうちのわずか四半世紀で、インターネット、CRISPR、ブロックチェーン、スマートフォン、人工知能、フードテック、代替エネルギー、精密医療、ロボティクス、量子コンピューティング、自動運転の電気自動車などが登場しました。今日、就職市場に参入する大学の卒業生は、仕事のスキルを武器にするのではなく、経済の大きな変化に迅速に適応する必要があります。サーファーのように、波を見て、波を捕まえ、波に乗らなくてはいけません。さもなければ、流されてしまいます。

これまでのポスト工業社会では、上下関係は決して入れ替わることがなく、倫理やルールは個人の地位やステータス、またそのときどきの情勢によって大きく変わるものでした。ところが私たちが今生きるこの新しいステージでは、序列は流動的なものとなり、倫理は普遍でなければなりません。なぜなら権力はもはや絶対的なものではなく、力の持ち主はその場その場で変わるからです。簡単な例を挙げると、スタートアップでは重要な顧客のためにアプリをすぐに作ることができる23歳のプログラマーが、その瞬間に会社で最も重要な人物です。販売契約を締結する時が来れば、営業担当者が全権を握ります（スポーツでは、「彼らがボールを持っている」と言います。そしてその状況では、チーム全体の唯一の仕事は彼らをサポートし、得点のチャンスを最大限に高めることです）。

いまや権力の在りどころは絶え間なく移動し、年齢や地位は本質的な価値を持ちません。あなたの会社やプロジェクトに関わるあらゆる人が、取引を成立させ、投資家に売り込み、10億ドルのアイデアを実現させるかどうかのボールを握ることができるのです。つまり、社員全員が常にスイッチをオンにし、透明性を保ち、千載一遇のチャンスをつかむ準備を整えておく必要があります。そのためには、全員の行動と倫理観を完全に揃えておかなければならず、「オフの日」というものは存在しません。ライフサイエンス分野の名門VCであるベンロック（Venrock）の伝説的投資家ブライアン・ロバーツ（Bryan Roberts）氏は、若いベンチャーキャピタリストにこう語っています。

「今後1年間で、あなたは1000人以上の人と新たに出会うでしょう。そのうち、あなたの人生を変えることになるのはわずか3、4人かもしれません。問題は、そのキーパーソンが誰なのかはわからないということなのです」

これは相手が誰であろうと、常に一貫してベストな自分でいることが大切だ、という彼なりの表現です。

彼らのようなイノベーターたちの驚異的な成功に通底するもう1つの原則は、「希少性」に縛られない世界があると知っていることです。（第3章でさらに詳しく述べます）。工業社会では、チャンスもリソースも報酬も限られています。つまり「希少性」が基本的な考え方です。生き残るためには市場シェアや順位獲得のために徹底的に戦う必要があります。10

パーセント努力すれば10パーセント業績が向上する、という限られたパイを奪い合う戦いが原則です。しかしイノベーション時代の人々は、チャンスはほぼ無限にあることを知っています。これは過去30年間において、アップル、ウーバー、アマゾン、イルミナといったIT企業が、かつてないほどの価値を創造してきたことからも明らかです。

今日のトップイノベーターに共通するもう1つの特徴は自己認識力です。イノベーションに挑む人にとって一番難しいのは、不確実性の高い中で、様々な意見を適切に完全にオープンに評価することで、そのイノベーションの可能性と重要性を受け入れることです。ビジネスの世界では、このようなコンセプトを「徹底的な透明性（Radical transparency）」あるいは「自分の弱さを受け入れる力（Vulnerability）」と呼びます（これらの重要な特性については後の章でさらに詳しく述べます）。

なぜこれらのコンセプトが重要なのでしょうか。理由は簡単で、踏襲すべきモデルがなく、あなたの周りには、あなたのアイデアを盗んだり、失敗の責任をあなたに転嫁しようとする手練れの刺客が待ち構えているからです。イノベーションの世界では、世の中を一変させるような稀有なプロジェクトの価値あるプレイヤーになることが唯一の目標であり、その鍵は信頼を築いて、オープンにチャンスをつかむことにあります。

これらの資質をすべて持つ最良のリーダーたちは、それがどれほど重要であるかを理解しています。だからこそ、彼らは効率的で自己認識があり、自分の動機を理解し、効率的でエネルギッシュな関係を築ける人々としか働こうとしないのです。

そのような人々は信頼関係を確立したら、次のステップではその知識と意識を活用して、単に自分の利益だけを追求するのではなく、全体の利益を目指して環境とつながります。これが最高の協力であり、自己利益です。ユヴァル・ノア・ハラリの広く称賛されている著書『サピエンス全史』(河出書房新社)では、協力こそが人類を他の動物から分かつものであると説明しています。文明と経済が繁栄したのは、人間が労働を分担し、豊かさを生み出したからです。個々人が特定の職業に特化し、高度な技術と効率を身につけるようになりました。そして、他の専門技能を持つ人々に依存するようになりました。様々な専門性を持つ個人がいることで、相互に利益のある取引が可能になりました。物質の豊かさだけでなく、時間の豊かさも連鎖的に生まれた結果、人間は単なる生存を超えて、余暇、芸術、哲学など、多くの分野に参加し始め、この地球上で前例のない進歩を遂げることができました。

協力。相互信頼。豊かさ。これらは、イノベーションが繁栄する環境で働く個人の特質です。日本が構築すべき環境はこれです。そのようなエコシステムを構築するのは複雑なプロセスではありません。必要なのは、いくつかのシンプルで強力な条件や触媒だけです。私はこれらすべてをスタンフォード大学のスタートアップインキュベーターで見てきましたが、それは驚くべき成功を収めています。スタンフォードには次のようなものがあります。

■優れたアイデアを求めており、初期のアイデアに目を向けて建設的なフィードバックを与える大企業から小企業までのエコシステム。
■急成長をデザインするために若い組織を支援したいと考える投資家やサービス（エンジェル投資家、シードファンド、弁護士）のエコシステム。
■恐れずに迅速に行動する意欲。

（「アイデアを迅速に市場に出し、迅速にフィードバックを得る」ことです。尊敬される起業家兼投資家のリード・ホフマン（PayPal、LinkedIn、OpenAI）はイノベーターにこう言います。「どれだけ未完成であっても恥ずかしがらないで……」）

この姿勢はシリコンバレーのユニコーン企業からスタンフォードの寮の部屋まで至るところで見られます。日本が手本とするべきイノベーションモデルを探しているなら、シリコンバレーを無視して、スタンフォードの寮をじっくりと見るべきです。そこでは毎日何千ものアイデアが咲き誇ります。なぜならそこにいる学生たちは大胆であることを恐れず、失敗を恐れず、協力し、再評価し、イノベーションを起こすことを恐れないからです。

私は1989年11月に初めて来日し、それから3年近く日本に滞在しました。当時、日本ではスタートアップはまだ注目されていませんでした。それは貿易黒字が大きく、貯蓄率が驚異的に高く、不動産価格が膨れ上がっている、世界的企業の巨人たちの国でした。

それ以来、学校や仕事、友人、そして東京で少しずつ増えていく家族を通して、私は日本と密接に関わってきました。この15年間、日本と世界のスタートアップの架け橋となることにキャリアを捧げてきました。その理由は2つあります。①私は日本、その人々と文化が大好きだから、②大きなアイデアや大きな機会に興奮するからです。

そしてイノベーションに関して言うなら、日本は大きなアイデアと大きなチャンスの火山の上に座っています。残念ながら、日本は不当な劣等感に悩まされています。自分が持っているものを評価するのではなく、太平洋の向こう側に見えるものを羨んでいます。模倣するだけで、創造していません。日本のシリコンバレーへの執着と、そして同じくらい素晴らしい、あるいはそれ以上に素晴らしい自国の才能や物語への関心の欠如に私はいつも困惑しています。

イノベーティブなベストプラクティスは、製造プロセスのように実行可能で変更可能な古典的なものではなく、線形的な方法でスケールすることはありません。例えば、何百人もの日本人をカリフォルニアに送り込み、場所はカリフォルニアであっても日本人による短期授業を受けさせるという「イノベーション劇場」的なアイデアは、それなりの報道と素敵な写真撮影にはなるかもしれませんが、本質的に日本の役には立たないでしょう。もし他のエコシステムの歴史が良い指標となるならば、このようなやり方はすべて間違っていて、成長を遅らせているだけかもしれません。

イノベーションに遅れを感じている政府がよく犯す間違いは、創造的ではない人々に盲目的にお金を投じることです。そこには多くの対立するインセンティブがあります。

私が日本の人々に自分の夢を最大限に追求するよう説得しようとするとき、最も苛立たしいことの1つは、日本の多くの人々が自分たちがどれほど創造的であるかに気づいていないことです。実際、日本でイノベーションについて話すとき、私はしばしばパニックを感じます。あまりにも多くの日本人が、創造性は「日本的」ではないと考えています。この現象は皮肉であり、ここにはひどい誤解があると思います。私の意見では、平均的な日本人は、平均的なアメリカ人よりも遥かに創造的です。日本のビジネスの世界には行動や身なり、制服や規則など軍隊のような規律はあるものの、私の知人や友人たちは皆自分にとって最も大切な活動や信念に情熱を持っています。彼らは社会貢献や旅行、歴史、芸術、そして音楽への愛など、一種の「スーパーヒーロー」のようなもう1つの人生を持っているのです。アメリカ人は姿形や宗教、出自などはとても多様ですが、その中身は実はとてもよく似ています。日本では人々の外見は似ていても、内面は非常に異なり、多様性に満ちています。

日本人の驚くべき、活気あふれる創造的な側面を見ているのは私だけではありませんが、実際に日本に住んでそれを目撃している数少ない1人かもしれません。2012年にアドビが6カ国5000人を対象に行った調査では、2つの結論が導かれました。第1に、先進国の人々は日本人を「最もクリエイティブ」であると考えていること。第2に、当の日本人は自分たちのことをまったくそのようには見做していないということです。「Tech in Asia」のウェブサイトを運営していたリック・マーティンは、世界中の国々の創造性に関する調査が日本にとって真逆の回答結果をもたらしたと指摘しています。

「回答者によれば『日本は最もクリエイティブな国（36パーセント）』『東京は世界で最もクリエイティブな都市（30パーセント）』であるとされました。しかし報告書によると、日本人自身は自国をそのようには評価せず、ほとんどの日本人はアメリカとニューヨークをそれぞれ最も創造的な国と都市として見ていると書かれています」

この皮肉は笑えるかもしれませんが、私を苛立たせます。世界中の人々が現代の日本文化に夢中になっているというのに。マンガ、アニメ、ゲーム、芸術、建築、デザイン、文学、食、ファッションなどの分野でエネルギーが爆発的に増加し、世界中に影響を与え、多くの人々、特に若い世代を魅了するカルチャーとして花開いているのです。日本がこの認識のギャップを埋め、自己批判的で自己制限的であるパラドックスを打破するには一体どうすればよいのでしょうか？

ありきたりな答えとしては、日本が自分自身を愛することを学ぶ必要があるということです。より役立つ答えは、日本が自分自身をもっとよく知る必要があるということです。創造性を表現する鍵は、まず自分たちの中にある創造的なエネルギーを認め、認識することです。日本人であろうとアメリカ人であろうとエジプト人であろうと関係ありません。自分自身を知ることが改善への第一歩です。まず一歩目は、人が自分の「天才の領域(Genius Zone)」を定義することです。それは、自分が最も得意なことをしているときの状態です。例えば、そのことがあまりにも得意で、努力しているとは感じずに、時間を忘れてしまう瞬間があるでしょう。自分がしていることが特別であるとか、価値があるとか、難しいとさえ思わないかもしれません。

現代の行動主義者たちは、人々が「純粋な才能」を発見する旅を支持しており、その才能はあまりにも自然に発揮されるため、個人にとっては見えにくいか、ほとんど見えないものであると指摘しています。自分がどのようなスキルや作業を「得意」かを自覚することは、初心者だった頃とその後の上達ぶりを振り返ればそれほど難しくはないでしょう（例えば、数学やピアノなどです）。しかし「ギフト」、天賦の才は、小さな奇跡のように授かるものです。日本は多くのギフトに恵まれていますが、この深刻な自己認識の欠如は、日本が成功を収めるために直面する多くの障壁の1つに過ぎません。日本ではルールの厳格さが文化的な創造性の評価や育成の妨げとなっていることは、マーティンの次のコメントでも指摘されています。「日本の回答者の78パーセントが『創造的であることは芸術界だけのことだ』と答えており、他国の21～38パーセントと著しいコントラストをなしています」

私たちは「クリエイティブな人々」とその他の日本社会との間にある、人工的で有害な壁を打破する必要があります。日本では物事の「カイゼン」に時間がかかる傾向がありますが、これは大掛かりなプロセスの変更や、革新によるリスクを抑制しようとする、この国の構造に起因する合理的な判断によって生じるのでしょう。芸術やゲーム、建築は「創造的な日本人」のためのもので、伝統的なビジネスは「非創造的な日本人」のためのものというわけではありません。制約が圧倒的に少なく、かつ新しい発想を育てるノウハウも豊富な芸術の分野では、日本人たちは先鋭的なグローバルリーダーです（また、そのようなグローバルリーダーの多くは、視覚表現あるいは翻訳しやすい分野から生まれていることも重要な点です。日本のビジネスは良くも悪くも、イノベーションの言語である「リンガ・アメリカーナ」を採用していません）。例えば、日本企業が資産を評価する方法は、国家の会計基準によって管理されており、それがベンチャー投資を管理する立場にとってシステミックなパニックを引き起こすことがあります。これらの会計慣行は、スタートアップの評価の動的な変動について広く誤解を招きます。なぜなら、日本では予測可能で産業的な減価償却しか考慮しないため、未来を発明するスタートアップの実験がその9.8年間（スタートアップの平均寿命）で興奮や懐疑の急激な変動を生み出す可能性を考慮していないからです。

これは非常にネガティブに聞こえるかもしれませんが、ここで私が伝えたいメッセージは次のようなものです。すでに何度も言っているように、私は日本のイノベーションの未来について非常に楽観的であり、その繁栄が楽しみです。そして実現すると信じていますが、日本が岐路に立っている厳しい現実は直視しなければなりません。円を暴落させた新型コロナによるインフレは、イノベーションを促進する政策を加速させたというメリットがありました。ベストな政策ではないかもしれませんが、それでも資金面や風通りの良さなどの点で、より多くの大学や企業がこの政策に参加しやすい状況が生まれました。グローバルスタートアップのアジアの第1拠点がシンガポールから東京にシフトするのを期待してください。そして、それは急速に進むでしょう。

しかし、最も重要なことは、その答えがトップダウンから、すなわち省庁から来るものではないということです。彼らはイノベーションを妨げるシステムを作り上げました。答えは下から、慎重に選ばれた少数のイノベーターが道を示し、より大胆な想像力の飛躍を促すプロセスを通じて生まれなければなりません。これは一夜にして起こることではありません。日本は忍耐が必要ですが、それは一部の有力者の政治的アジェンダとは相容れません。政治家は2~4年の選挙サイクルの中で成果を上げる必要がありますが、イノベーションは生物学的なものであり、良いアイデアは他の生物と同じように成熟するまで時間がかかります。その成長サイクルは通常12~15年です。イノベーションをうまく育てる政府は、介入せず（彼ら自身がしばしば最大の問題であることを知っているためです）、代わりに税制、破産法、移民法を評価し、見直してから退きます。

私の日本への最善のアドバイスは、日本のイノベーターたちの未開発の才能を伸ばすことに集中することです。そうすればここに「イノベーション・エコシステム」を生み出すことができるでしょう。

1 James Huffman, *The Meiji Restoration Era, 1868-1889*, About Japan, https://aboutjapan.japansociety.org/content.cfm/the_meiji_restoration_era_1868-1889#sthash.mSdNYqfN.IulcqDbT.dpbs（２０２４年８月８日最終閲覧）

2 Kevin Varley, Ainsley Thomson.「転居するなら東京、生活コスト面で最強─アジア太平洋の金融ハブで」Bloomberg, ２０２３年12月25日、https://www.bloomberg.co.jp/news/articles/2023-12-24/S61N5GT1UM0W00（２０２４年８月８日最終閲覧）

3 日本経済新聞「サカナＡＩが1年でユニコーン　日本最速、２００億円追加調達」２０２４年６月14日、https://www.nikkei.com/article/DGXZQOUC144OB0U4A610C2000000/（２０２４年８月８日最終閲覧）

4 村井七緒子「米オープンＡＩ「東京オフィス」開設　アジア初の拠点「重要な市場」」朝日新聞、２０２４年４月15日、https://www.asahi.com/articles/ASS4H3VH1S4HULFA019M.html（２０２４年８月８日最終閲覧）

5 ＮＨＫ「米でも中国でもない　世界的な生成ＡＩ技術者が日本を選んだワケ」２０２３年11月６日、https://www3.nhk.or.jp/news/html/20231106/k10014245731000.html（２０２４年８月８日最終閲覧）

6 柳谷智宣「日本語特化引っさげOpenAIが日本進出、生成ＡＩ全振りライターが見たその本気度」日経クロステック、２０２４年４月18日、https://xtech.nikkei.com/atcl/nxt/column/18/00157/041600090/（２０２４年８月８日最終閲覧）

7 電通報「OpenAIがアジア初の拠点、東京オフィスを開設」２０２４年４月17日、https://dentsu-ho.com/articles/8903（２０２４年８月８日最終閲覧）

第 2 章

「不確実性」を愛するということ

私たちには偉大な「パトロン」が必要だ

シリコンバレーを訪れるゲストや友人たちに「これほど多くの並外れた天才や才能あふれる風変わりな人たちがカリフォルニアに集まるのはなぜなのだろう？」としばしば聞かれます。それに対し、私は「フィレンツェはどうですか？　なぜあれほど多くの才能ある人々がルネサンス期のフィレンツェに集まったのでしょう？」と尋ね返します。およそ650年前のフィレンツェに集まった芸術家、作家、建築家、技師、哲学者、人類の歴史に残る傑作を生み出した人々の集結は畏敬の念を抱かせるものであり、大きなイノベーションを生み出すエコシステムを創造するための素晴らしいモデルを提供しています。

この本でこれから何度も繰り返すことになりますが、イノベーションのエコシステムを作る際に最も重要なのは、才能を見出し、適切なトレーニングと支援を提供することです。およそ500年前のフィレンツェは天才を発見し支援することにおいて非常に優れていました。その結果は今でも人類史上最大の業績の一部として受け継がれています。

文化の「擁護者」として知られるルネサンスのフィレンツェのメディチ家は、芸術や学問を惜しみなく支援し、多くの才能をフィレンツェに引き寄せました。彼らは文化芸術への個人的な関心に加えて、同時代の支配者としての力を示し、また死後も永遠に続く名声のために、普遍的な知や芸術に貢献することの重要性を熟知していました。彼らは時に芸術家の才能をコンテストで競わせ、また人文主義者たちのサークル「プラトン・アカデミー」を主催し、学者たちの研究を促しました。メディチ家のもとで学術や芸術が分野を超えて交わりました。起業家のフランス・ヨハンソンはこのように多岐に渡る分野とアイディアが交差するときにイノベーションが生まれるとし、これを「メディチ・エフェクト」と呼びました。

今日のイノベーターであるあなたは、そのような現代の才能とどのようにつながることができるでしょうか？　そして、イノベーションを推進する立場にあるなら、どのようにしてその才能を発見できるでしょうか？　あなたのパトロン、あなたの「メディチ」は誰でしょうか？　あるいはあなたが「メディチ」になるとしたら、あなたのミケランジェロは誰でしょうか？

「壁」を打ち壊す

ルネサンスのフィレンツェがスタートアップ・エコシステム構築の良いモデルになりうるのではないかというアイデアは、2023年にシエナでの結婚式に参加するためにヨーロッパを訪れた時に思いつきました。以前からルネサンスの中心地であるフィレンツェを見たいと思っていたので、この旅を特別に楽しみにしていました。このイタリア北部の丘陵地帯に位置する都市では、世界で最も著名な芸術家、作家、発明家が活動しました。ここでは他の多くの国が数世紀にわたって生み出したものよりもさらに多くの驚異的な名作と革新が、ごくわずかな年月で創り出されました。この素晴らしい都市をゆっくり堪能するために、フィレンツェに滞在し、1時間かけてシエナの結婚式会場に向かうことに決めました。

私はまず飛行機でローマに入り、レンタカーを借りてトスカーナ地方まで北上しました。高い丘の上にある城壁に囲まれたシエナは、数マイルも離れたところからでも見えます。

私はこの古都の美しさに心を奪われましたが、同時に私はエンジニアとして、何世紀も前にこの町を作った人たちの考えを不思議に思い、その動機を理解しようとせずにいられませんでした。なぜわざわざそこに町を築き、高い城壁を作ったのでしょうか？

私は高台まで運転して登り、シエナの町の外周を車で走ってフィレンツェへと向かいました。シエナからフィレンツェに向かい始めてすぐに、標高が徐々に下がっていることに気がつきました。シエナに比べると、フィレンツェには人を歓迎するような雰囲気がありました。なだらかな丘に囲まれたフィレンツェの谷間は、あたたかく安全な感覚を私に与えました。人やアイデアを退けるのではなく、「集中」や「凝縮」といった感覚を与える、人を引き寄せるようなエネルギーを感じさせました。オープンに迎えられ、安心を感じられるというのは、優れたイノベーションのエコシステムが共通して備えている特徴です。

フィレンツェでの「受け入れられている」という感覚は、私にこの都市がルネサンスの中心地となった理由を考えさせました。それは地理的な特徴という単純な理由でしょうか？それも正しいかもしれませんが、おそらく他にも理由があったのではないかと想像しました。

少し調べてみると、シエナは中世の初期に交易と芸術の中心地として栄えました、一方その頃のフィレンツェは大規模な商業の拠点でした。富めるシエナは軍事的脅威に晒されていました。そのため丘の上に拠点を置き城壁を巡らせたのは、防衛のための賢明な行動だったと言えるかもしれません。しかしローマ教皇庁の銀行業務の発展とルネサンス文化の台頭、そして軍事的な脅威は減少し、シエナの重要性はフィレンツェに比べて低下しました。

フィレンツェにも城壁はありましたが、都市の大部分は開放されており、長い年月を経て壁のほとんどが取り壊されました。12世紀からルネサンス期にかけて、商人、銀行家、職人、工芸家など20以上の専門職業のギルドが形成されました。そして富が広く分配され、なかでも綿や絹のギルドは特に力を持ち、フィレンツェは地域における創造性の中心になりました。フィレンツェは非常に民主的な文化と市民主導の政治を維持し、金融や銀行機能も次第に集約されていきました。フィレンツェにおける驚くべき芸術の大爆発に関しては、例えば次のように説明されています（これは芸術に限らず、当時の商業についても当てはまるでしょう）。

「15世紀のフィレンツェでは、多くの人が自分たちは新しい時代を生きていると信じていました。『ルネサンス』という言葉は16世紀にはすでに使われており、暗黒の時代からの『再生』を意味するものでした……。イタリアでは、特にギリシャやローマ時代の学問の復興により、ルネサンス文化が発展しました。何世紀にもわたって西洋で失われていた古代の作者による作品が再発見され、人間性や人間の偉業をすべての中心に置く、新たな人文主義の考え方が生まれました。人文主義者は自分たちの都を『新たなアテネ』と呼びました。フィレンツェは非常に強力な商業主義であり、独立性の維持と共和制の価値観を重視していました。フィレンツェでの1400年代前半の類まれなる芸術の開花は、たった1つの要因では説明できませんが、建築のブルネレスキ、彫刻のドナテッロ、絵画のマサッチオの貢献は、西洋の芸術に永遠の変化をもたらしました……」

壁に囲まれたシエナと、開放的で人文主義的なフィレンツェのコントラストは、私に昔の日本と今の日本を想起させました。シエナの外部への恐れ、複雑な官僚制度、人を寄せ付けない壁は、私が初めて来日した1989年頃の東京の雰囲気と似ています。東京にはとてつもないエネルギーとユニークさがありましたが、私は完全なよそ者でした。ごく簡単なこと、例えば地元のレストランで食事することさえも容易ではなく、時には拒絶されることもありました。渋谷のような主要な駅ですら、漢字を読めないために移動もままなりませんでした。まるで別の惑星に来てしまったような気分でした。それから約10年後の1996年になって、日本のVCであるジャフコ（JAFCO）で日本のマーケットとアメリカのスタートアップの連携を支援していたときも、自分がよそ者であることをしばしば思い知らされました。当時は、大企業から返事をもらえるだけでも喜ばしいことで、ましてや面会の約束を取りつけるのは、宇宙に人工衛生を打ち上げるくらいの出来事でした。

しかし2012年に東京とカリフォルニアにSozo Venturesを設立してからの10年間、東京は目覚ましい変貌を遂げました。今の日本は閉ざされたシエナよりも、フィレンツェに近い印象を私に与えます。私は以前のように自分がよそ者であると感じることはありません。日本は新しいアイデア、新しい方法、新しい人々にもっとオープンになっています。

「壁」は消えつつあります。

ソニー、任天堂、トヨタ、ユニクロなどをはじめとする日本の企業は、新しいグローバル市場と文化への進出を加速させています。多くの企業が社内にベンチャー部門を持ち、その経営陣たちは常に最高のスタートアップを探し求めています。彼らはまた、スタートアップ技術への投資と採用においても、最も積極的な存在となっています。国境の壁が無くなり始めた日本は、世界で最も重要なイノベーションの中心都市の1つになろうとしています。

15世紀のフィレンツェは、楽観主義と人間中心的で野心的な集団のマインドセット、そして自分たちが生きる時代の歴史的重要性への理解によって形作られました。現代の日本も同様の立場にあります。これをルネサンス2.0と呼んでも、明治維新IIと呼んでもいいでしょう。日本はグローバルにイノベーションを求め、受け入れ続け、個人の天才を発揮させる教育を提供するでしょう。世界中から最高の頭脳を受け入れ、彼らは日本に拠点を置くようになるでしょう。その傾向は日々の東京の街で、そして全国の大学や政府のリーダーたちから私が一層強く感じているものです。

東京がかつてのフィレンツェと大きく違うのは、最高の瞬間が過去の栄光ではなく、まさにこれから訪れようとしている未来であるということです。

発明する人のための最高のキャリアパス

「日本は変わらなければならない！」

過去数年間、日本のリーダーたちとの対話で、このような発言をよく聞きます。国がより革新的であるためには変わることが必要だ、ということらしいのですが、私は日本が根本的に何もかもを変えなければいけないとは思いません。日本はほとんどすべての点で素晴らしい国だからです。しかし日本にはイノベーターのためのキャリアパスが必要です。

私の見たところ現代の日本には2つのキャリアパスがあります。もしあなたの関心が芸術や音楽、ファッション、建築などにあるのなら、日本にはそれを学ぶことができる素晴らしい環境があります。もしそのような進路を希望しない場合や、産業界で働きたい場合には、物事の進め方やシステムに慎重かつ段階的な改善を加える方法を教える世界レベルの教育と企業研修のインフラがあります。

日本にないのは、「物事がなぜそのように機能するのか?」「なぜ電話で車を手配して自動的に支払うことができないのか?」「なぜ私たちの身体の悪い遺伝子を編集できないのか?」という大きな疑問に惹かれる人のためのキャリアパスです。イノベーションの素質を持つ人々は、このような大きな問いやアイデアの中に生きる傾向があります。日本にはビジネスを創造したいと願うタイプの人々のためのチャネルがないので、彼らは日本国外で自分のビジョンと夢を追求することになります。

日本はビジネスにおいて、1つのトピックやスキルに取り憑かれているスペシャリストを好まない傾向があります。慶應義塾大学のイノベーション研究の第一人者である芦澤美智子氏は「日本の組織はユニークな専門性を賞賛していません。大学院卒は『扱いにくい人材』と見なされることが多いです」と述べています。日本は産業スタイルの職務ローテーション、ジェネラリストの心構え、「終身雇用」を重視し、継続的な学習や専門知識の発見についてはそれほど重んじていません。アメリカで教育を受けた早稲田大学ビジネススクールの牧兼充准教授も同様の見解を示しています。日本では、高度な学位を持つ深い関心分野のある人が「それを生かせるような適した機会を与えられていない」と言います。ブラックストーン・グループ・ジャパン株式会社の元代表取締役社長であり、トラスト・キャピタル株式会社の共同設立者である藤井ダニエル氏は「スタートアップの才能を持った日本人はこの国を去るしかなくなる……」と述べました。

せっかくの自国の才能を育てることができないのは、この国の大きな損失です。日本の優位性に気づいて日本に移住してくる逸材たちを歓迎すると共に、「国産」の才能を支援するエコシステムの構築が急務です。なぜそれらの才能ある「変わり者」たちは日本の外に出ざるを得ないと感じているのでしょうか？ これを理解するためには、日本社会が彼らをどのように扱っているかを振り返るのが良いでしょう。

「不確実性」を受け入れる社会

リーダーシップ行動についてのベストセラー作家パトリック・レンシオーニ（Patrick Lencioni）は、イノベーターには6つのコアとなる行動があると考えており、これを「WIDGET」図で示しています。どの人にとっても、この6つの行動のうち2つは快適かつ簡単であり、2つは非常に疲れるものであり、残りの2つはその中間です。これらの傾向、これらの才能は社会全体に均等に分布しています。

クリエイティブなタイプ（好奇心（W）と発明力（I）が高い人々）は、抽象度の高い思考をする傾向があります。その場合、創造性は高まりますが、「不確実性」も増加します。「不確実性」は、人種、性別、国籍に関係なく、ほとんどの人に恐怖を引き起こします。

多くの日本人は「地に足のついた」確実性の高い状況を好むことに同意できると思いますが、それはほとんどのアメリカ人、ヨーロッパ人、アフリカ人、サモア人も同じです。言い換えれば、すべての人間です。

6つの才能

パトリック・レンシオーニのWIDGETモデル

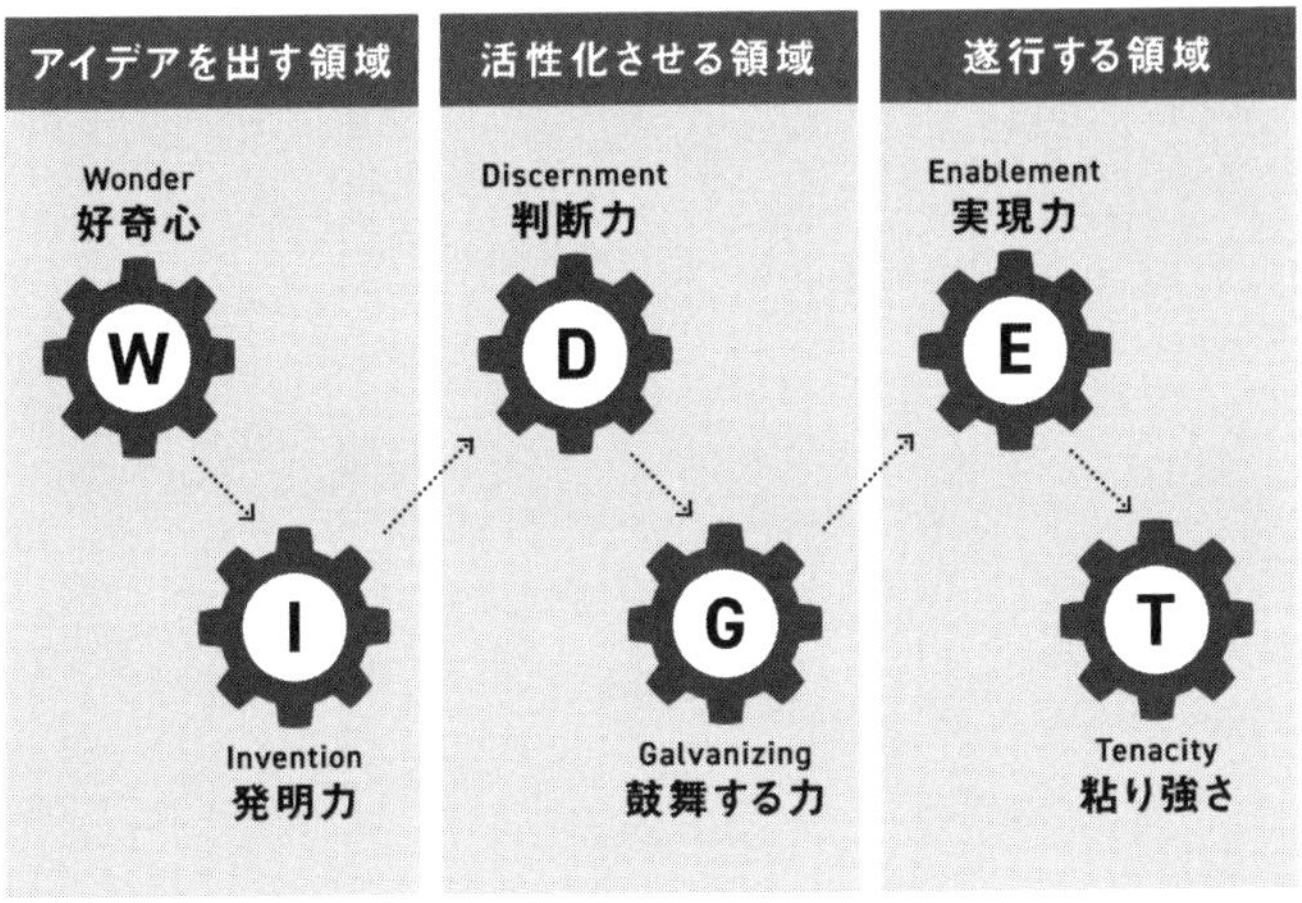

6つの行動

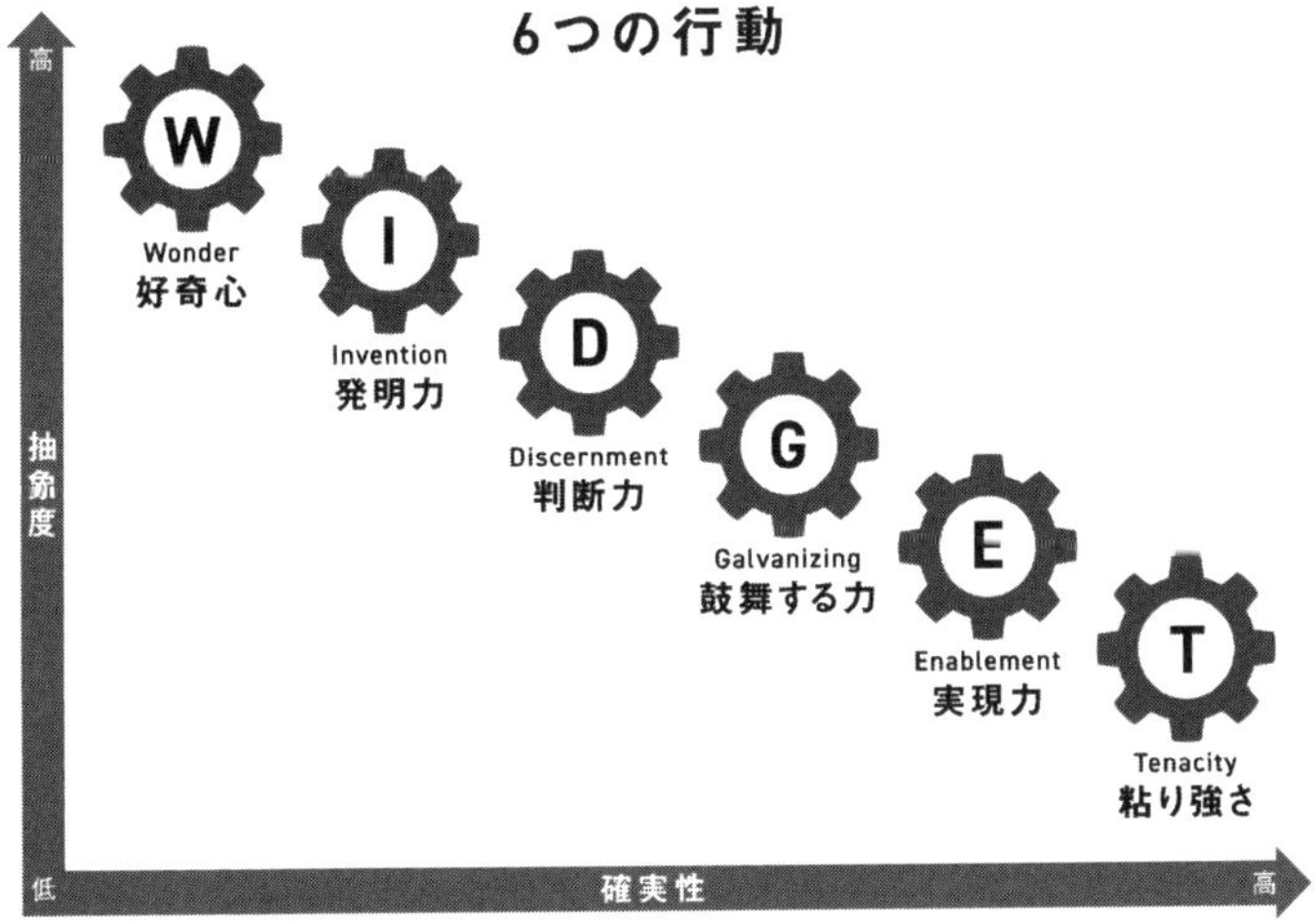

Patrick M. Lencioni, *The 6 Types of Working Genius* (Matt Holt, 2022) をもとに日本語版を作成

イノベーションを起こすには、高いレベルの不確実性とも快適に共存できる特別な種類の人間が必要です。そして、それこそがイノベーターが毎日しなければならないことです。不確実性と共に生きること。それが新しい、より良い未来を創造する唯一の方法なのです。

この本で何度も繰り返しますが、イノベーションは本質的に不確実性に満ちています。「確実ではない」という理由でイライラしてアイデアを殺してしまえば、イノベーションは起こりません。社会が「不確実なアイデア」の価値を理解し、それらを適切に支援する方法を見つけたときに、イノベーションは促進されます。

では社会や文化はどのようにしてこの弊害を克服し、創造的なタイプの人々のニーズやビジョンを育む環境を作ることができるでしょうか？　大きなアイデアを思いつき、世界を変える夢想家たちを。

残念ながら、地球上の多くの場所ではそれをなかなか上手に行うことはできていません。スタンフォード大学もこの問題を長い間解決できませんでした。２０１１年にスタンフォードの学部生であるキャメロン・テイトルマンが、スタンフォードの学生、教員、卒業生のための、企業構築、コーチング、ネットワーキングプログラムであるスタートX（StartX）を設立するまでは。第10章で詳しく説明しますが、スタートXは７００のスタートアップを生み出し、これらのスタートアップの合計評価額は２６０億ドルを超え、１６００人のトップティアの創業者と協力してきました。

キャメロンの大成功から学ぶべき教訓は、重要なのはお金でも場所でもないということです。鍵となるのは、天才たちにサポートを提供し、アイデアを与え、資本を供給するエコシステム、支援のネットワークを作り上げることでした。10億ドルも、シリコンバレーのオフィスも、何千人もの大軍を必要とするわけでもありません。必要なのは、イノベーション革命を引き起こせる創造的な天才、ほんの数人の「正しい変わり者」だけです。

そして彼らのような人々に日本国内でキャリアパスを示せるようになることが重要です。


「日本のリーダーたちは革新を望んでいると言っているが、日本人は本当に世界の見方や不確実性への対応を変えることを望んでいるのか？」という議論をよく耳にします。私はそれは間違った問いだと思います。今の日本社会、予測可能性と均一性を極めて重視していますが、歴史は日本がいかにイノベーションを行う方法を知っているかを教えてくれます。京セラ、ソニー、ホンダをはじめとする企業が成した偉大な業績を見れば、第二次世界大戦後から1960年代にかけて、日本は地球上で最も革新的な国だったと言っても過言ではありません。これは必要性がもたらしたイノベーションでした。当時の日本には、新しい企業を作るか、飢えるかの選択肢しかありませんでした。日本は経済を再発明する必要があり、そして幸運にもそれを達成する創造力と規律を持っていました。

芸術や産業において日本が地球上の誰にも負けないくらい卓越していることは十分に証明されていますが、異端者や天才、「輝く変わり者」のための居場所がありません。しかし今の世界では、そのような人々が必要とされています。

日本は破壊的な天才を評価する代わりに、曲線を平らにすることに多くの時間を費やし、ルールに従う優秀な人を賞賛しています。

「日本は変わらなければならない！」という人たちに、私はこう言います。

「イエス。でもただ1つのことだけです。日本は変わり者の天才を愛することを学ぶ必要があります」

移民の才能が日本に流入する一方、国内の才能はまるで沈む船を見捨てるかのように流出しています。この傾向を逆転させるためには、日本は自国の創造性を認識し、育成する必要があります。船は沈んでいません。実際には、この船はかつてないほど強くなっています。日本はただ、船を操縦するための適切なクルーを任命すればいいだけです。第1章で述べたように、日本が必要とするすべての答えは「内」にあります。

第 3 章

工業時代の
マインドセットからの脱却

「希少性」と「効率性」という妨げ

日本には爆発的なイノベーションを起こすために必要な材料がすべて揃っています。しかし1つ欠けているのは、変革を実現するという強い意志です。日本がイノベーションのハブになるためには、かつて戦後の経済成長を支えた集団としての性格、習慣やマインドセットを変える必要があります。

長い間「希少性」は人類にとって普遍的な価値を持っていました。そして日本もまた、希少な地下資源を無駄なく効率的に加工して低コストで製品化するといった「希少性」と効率性を重視するアプローチにより、世界の大国になることができました。一例を挙げると、日本はアメリカと異なり、産業の国際的な舞台で存在感を示すだけの天然資源に恵まれていませんでした。アメリカが最大の石炭埋蔵量を持ち、石油と天然ガスの純輸出国であるのに対し、日本はエネルギー資源を持ちません。日本は他国と国境を接しておらず、貿易相手から隔離されています。メキシコとカナダは資源と人材が豊富で、アメリカの貿易経済の大部分を支えています。一方、日本の耕作可能農地はアメリカの数パーセントしかありません。日本には銅、鉄、鉛、リン酸塩、希土類元素、ウラン、ボーキサイト、金、水銀、ニッケル、カリ、銀、タングステン、亜鉛といった基本的な工業用鉱物がなく、輸入に頼っています。

そのような不利な条件の中でも、日本は原材料をかき集めて付加価値の高いプロダクトを生み出し、それをより多くの原材料と交換するなどの方法によって他国から資源を手に入れることを可能にしました。特に戦後復興の時代には、軍隊的な企業の厳格さと個人の規律が成功を後押ししました。日本は多くの点で、この規律正しさとマインドセットによって世界的な工業の競争で「勝利」を収めました。しかし今日、一国を最高、最大の経済大国に押し上げる思考やスキルはもはやそのような類のものではなく、今となっては日本のかつての強みが世界の大国であり続けることの妨げとなっています。

日本だけでなく世界のどこでも、工業時代とポスト工業時代においては、「希少性」がすべてを動かしていました。顧客の少なさがマーケットシェアへのこだわりを生み、顧客の限られた購買力が価格設定を左右しました。原材料を入手する難易度の高さがコストを上昇させ、また時に減益を引き起こします。しかし今、経済に最も勢いをもたらすものは「イノベーション」であり、無限とも思われるような豊かな可能性です。変化とは、厳格な制限や管理によって生み出されるのではなく、緩やかな「カイゼン」という狭い目隠しを掻い潜り、予想もしないようなアイデアを生む想像力を歓迎することからもたらされる、まったく新しい世界です。想像力には限界も希少性もありません。このようなマインドセットは、他の人々が障壁を感じる時に可能性や機会を見出すものであり、しばしば「しなやかマインドセット」（Growth Mindset）と呼ばれます。21世紀に日本が主導権を握るためには、この成長のマインドセットを採用する必要があります。

「できないこと」ではなく「次に何ができるか？」

『マインドセット──「やればできる！」の研究』（草思社）でこの概念を紹介したスタンフォード大学の心理学教授キャロル・ドゥエック（Carol Dweck）は、子供たちが世界の仕組みについてどのように認識を形成するかを研究してきました。ドゥエックは、成功とは正しいマインドセットの産物であり、子供たちが自分の可能性と居場所をどのように認識しているかということが、これまで重視されてきた知識や学歴よりも、成功にとっての重要な

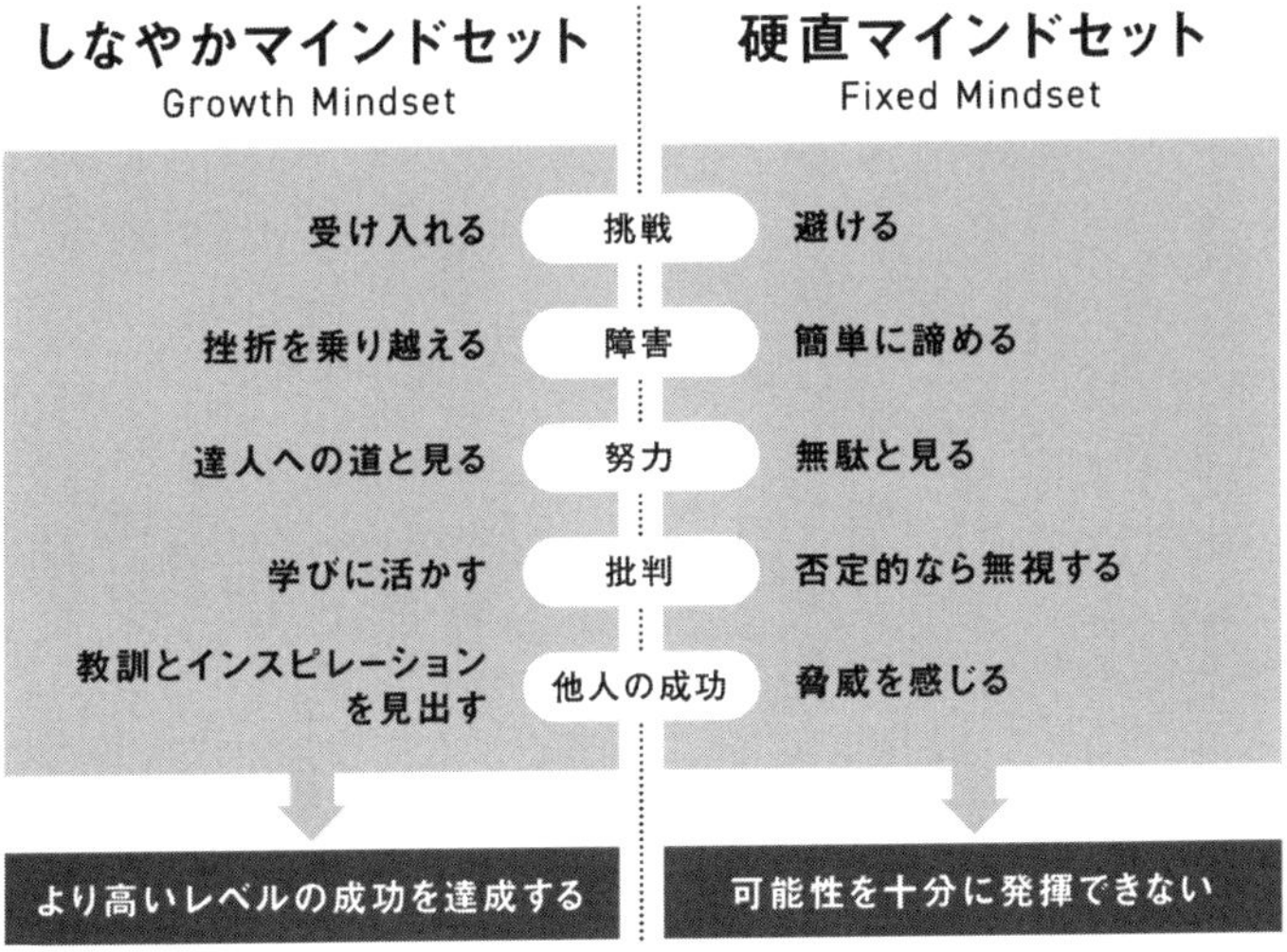

著者提供資料および
キャロル・S・ドゥエック『マインドセット：「やればできる！」の研究』（草思社、2016年）をもとに日本語版を作成

指標になると述べています。

彼女の研究結果によると「硬直マインドセット」（Fixed-Mindset）の人は、自分はある程度の知能と能力に恵まれているけれど、それを変えることはできない、と思い込んでいます。一方「しなやかマインドセット」＝考えを変えられる人は、「努力と学習の継続によって自分にはどんなことでもできる！」という信念を持って日々を生きています。このようなタイプの人は「できないこと」や「やったこと」ではなく、「次に何ができるか」を考えます。

キャロル・ドゥエックは、「改善より創造を」（Becoming is better than being）と言っています。これは、常に学び続けるということを意味します。いかなる時も驚きと好奇心を持つことが大切です（そしてそれは報われます）。「なぜ自分にはこれができないんだろう？」「どうすればできるようになるんだろう？」と考え続けることが重要です。

このマインドセットによって、誰も気づかなかった可能性を発見した先見者たちの事例はいくらでも見つけることができます。

例えばeBayの創設者ピエール・オミダイアは、彼の妻が趣味でペッツ（PEZ）のキャンディーディスペンサーをオンラインで取引をしているのを見て、eBayを構想しました。誰もがテレビとインターネットを家庭内の別々のデータチャネルだと考えていた時、リード・ヘイスティングスはこの2つをネットフリックスに統合することで映像配信の未来を創造しました。私たちが店頭の棚の物理的な限界に甘んじている間、ジェフ・ベゾスはそこにアマゾンの「ロングテール・イーテール」(long tail e-tail) の可能性を見出しました。また、私たちが携帯をただの電話と見なしていた時、スティーブ・ジョブズはボタン1つで配車やピザの配達、音楽配信、フライトの予約を叶え、親友に会ったり話したりできる「生活のリモコン」としての可能性を見たのです。

安全な車のタイヤや通信帯域など、既存の産業の段階的な改善を想像することはさほど難しいことではありません。しかし一体、今40歳以上の世代の誰がChatGPTのようなものを想像することができたでしょうか？　彼らのような驚異的なスタートアップの天才たちの設計の思想を分析（リバースエンジニアリング）してみると、柔軟性を育む環境が豊かさと可能性に満ちた世界観を必然的に形成したことに気づきます。

しなやかなマインドセットを獲得するためには、工業時代の多くのフレームワークやマインドセットから脱却する必要があります。「正しい／間違い」あるいは「成功／失敗」といった概念を排除するのです（このような言葉は私の会社Sozo Venturesでは使用を許可されていません）。

驚きと想像と発明の世界には、知的な実験と結果、そしてフィードバックがあるだけです。倫理的で賢く、献身的な人たちが行う未来を設計する実験では、そもそも「失敗」のしようがありません。彼らはただ学び、成長し、そしていずれ驚くべき、ポジティブな「破壊」を生み出します。

ベンチャーキャピタリストとしての私の最も重要な役割は、才能豊かな起業家たちが自由に想像し、未来を創造する助けとなることです。これが究極のしなやかな成長型のマインドセットです。

では、どうすれば私たちはそのような力によって世界をよくすることができるでしょうか？　Sozo Venturesには極めてシンプルなガイドラインがあります。

「もしあなたがやっていることが未来を創造するものでないのなら、やめなさい」
(If what you are working on isn't inventing the future, drop it.)

それこそが私が日本に強く求めたいこと――「やめる」ということです。硬直した、希少性に基づく思考を捨て、未来を発明することに取り組む必要があります。これは簡単なことではありません。日本がこれまでずっと重視してきた価値観の根幹に関わることかもしれません。この成長のマインドセットが、多くの日本の友人や同僚にとって異質であり、彼らを怖がらせることも目の当たりにしてきました。しかし、私たちはその恐怖を乗り越え、手を伸ばせば届く素晴らしいチャンスを受け入れるべきでしょう。私はイノベーションの世界に深く関わり、頻繁に日本人の並外れた創造力に触れる機会があるので、日本の人々が、硬直した制約の多い工業時代の思考を自国の自然な姿であると思い込んでいることにしばしば困惑します。私はまったく逆のものを見ています。世界一精緻で美しい文化を持つ日本は、稀有な想像力で世界を驚かせるような天才たちを生み出してきました。宮崎駿、村上春樹、平塚らいてう、丹下健三、黒澤明、草間彌生といった人々を。彼らが体現する日本の本来の創造的な精神と、自然の美しさや魅惑的な冒険の可能性との深いつながりこそが日本の本質だと信じています。論理的で一見筋の通った現代のビジネスの構造は、日本がこれから再び飛躍の時を迎えるにあたっては、日本の本来の創造性に対する抑制になってしまうでしょう。そのような制約を取り払い、自由な想像力が発揮された時、どれほど爆発的な成果が生まれることか、思い描くだけで胸が高鳴ります。

第 4 章

「天才」を殺した企業文化

スタートアップの芽を摘む「暗殺者文化」

『ハードコア・ヒストリー』（*Hardcore History*）の37時間に及ぶポッドキャストでは、ダン・カーリンが日本のアジア太平洋戦争における関与とリーダーシップについて取り上げ、明治維新以降の初期の軍事史から１９４５年の戦争終結まで、日本の政治を支配した暗殺者文化について詳しく紹介しています。２０２２年の安倍晋三元首相の衝撃的な暗殺を受けて、ザ・ディプロマット誌のドミトリー・フィリポフは、最近では状況が落ち着いているものの、かつてはそうではなかったと説明しました。

「安倍首相の殺害は、１９２０～３０年代の日本を思い起こさせる。当時は政治家や官僚の暗殺が頻発し、暴力行為が日本の進むべき方向に不満を抱く者たちの手段となっていた。戦前の日本における政治的暴力の歴史は、19世紀後半からの日本のナショナリズムの進化と切り離せないものである。１８６８年の明治維新は、徳川幕府を廃止し、天皇制を復活させたが、多くの武士が当初は支持したものの、後に新政府の改革に幻滅した者もいた[1]」

残念ながら、この文化が今なお日本で存続しているのを目にします。流血は比喩的なものですが、それでも流れていて、日本の組織内暗殺者の技術は見事です。この考え方は、工業時代の日本の2つの文化的な強みから生じた副産物だと言えるでしょう。1つは資源の価値を評価し、確立された市場シェアを大切にする姿勢。もう1つは緊密なチームワークの重要性。かつては健全と見なされたこのような産業時代の慣行は、イノベーションのエコシステムにとって致命的な2つの行動をもたらします。前述の「希少性」に依存するマインドセットと、「出る杭は打たねばならない」という妄執をもたらすことになるのです。

実は、かつてこの文化は多くの点で理にかなっていました。優れた企業は成長を求めます。しかし多くの社員にとって重要なのは国内の同業他社と比べた時の自分たちの地位と優位性です。「我々は誰よりも大きな利益を上げなければならず、我々の成功は国内の競合他社を犠牲にすることでしか達成できない」

そしてこの価値観は社員1人ひとりの同僚に対する感情にまで及んでしまいました。「私たちが成功するためには、私たちの上司が成功しなければならないのだから――私たちのチームが抜きん出るためには市場で競合他社と戦いながら、他のチームとその上司も排除しなければならない」

手柄を立てることも、責任を追求することも、完璧にやり遂げるのです。このようなぜロサム的な市場可能性の考え方は、前章で述べた「正しい／間違っている」という「硬直」したマインドセットに人々を留まらせることになります。日本には世界でも有数の優れた企業が存在しますが、これらの大企業にはしばしば人材評価と昇進の厳格なモデルがあり、創造性の低い人々が隣のチームや隣のオフィスの人を妨害することを促しています。私は日本での35年間であまりにも多くのそのような例を目にしてきました。

ここにイノベーションの最も重要なポイントがあります。

シリコンバレーでは、企業の暗殺者のスキルは報われません。たちまち価値を破壊する者として見られ、起業家、他の投資家、ＬＰの間での評判が急速に悪化します。そして、日本とは違い、常に他に多くのより良い機会があるため、有害な同僚から逃れるのは簡単です。シリコンバレーでは人材の流動性が非常に高く、健康で刺激的な新しいチームを見つけるのも簡単です。だから、もし会社が暗殺政治で毒されているなら、ただ去るだけです。しかし、それは日本では不可能です。革新者はほとんど常に取り残され、その才能や天才が押しつぶされてしまいます。

日本のＶＣ業界で、将来自分たちを凌ぐかもしれない若くて優秀な才能を破壊するシニアを見てきました。その若いスターを潜在的な投資家や協力者と見るのではなく、潰してしまうのです。アイデアを盗むために、同僚を執拗に攻撃する人を見てきました。そして、このような蛮行は問題視されることすらありません。誰かを「暗殺」したことを罰せられることはない——少なくともそのように考えられているのでしょう。

私の日本の友人たちは「ｉＰｈｏｎｅは99パーセント日本が生み出したものだ」と主張したがります。スティーブ・ジョブズがしたことは、ビジョンに基づく様々な部品の統合です。彼は典型的な「出る杭」らしい仕事をしました。自分のビジョンを追求し、ルールを無視しました。日本には１９９０年代にスティーブ・ジョブズのような人物がいたかもしれませんが、誰かが彼を排除したのかもしれません。誰かが「杭」を打ちつけました。それが、日本のＩＴや通信の世界で「ｉＰｈｏｎｅ」を生み出すチャンスを捉えて行動することができる人がシニアのポジションに上り詰めなかった理由かもしれません。日本の優れたテクノロジー企業はすべて自分たちの分野に閉じこもり、既存のルールに従い続けました。暗殺者文化が打撃を与えたのです。このようなアプローチは30年前の日本企業では有効でしたが、現代のイノベーションのエコシステムにとっては「癌」です。

「組織行動の法則」(Larman's Laws of Organizational Behavior) で世界的に知られるカナダの計

いじめに関する苦情があった職場に共通する特徴

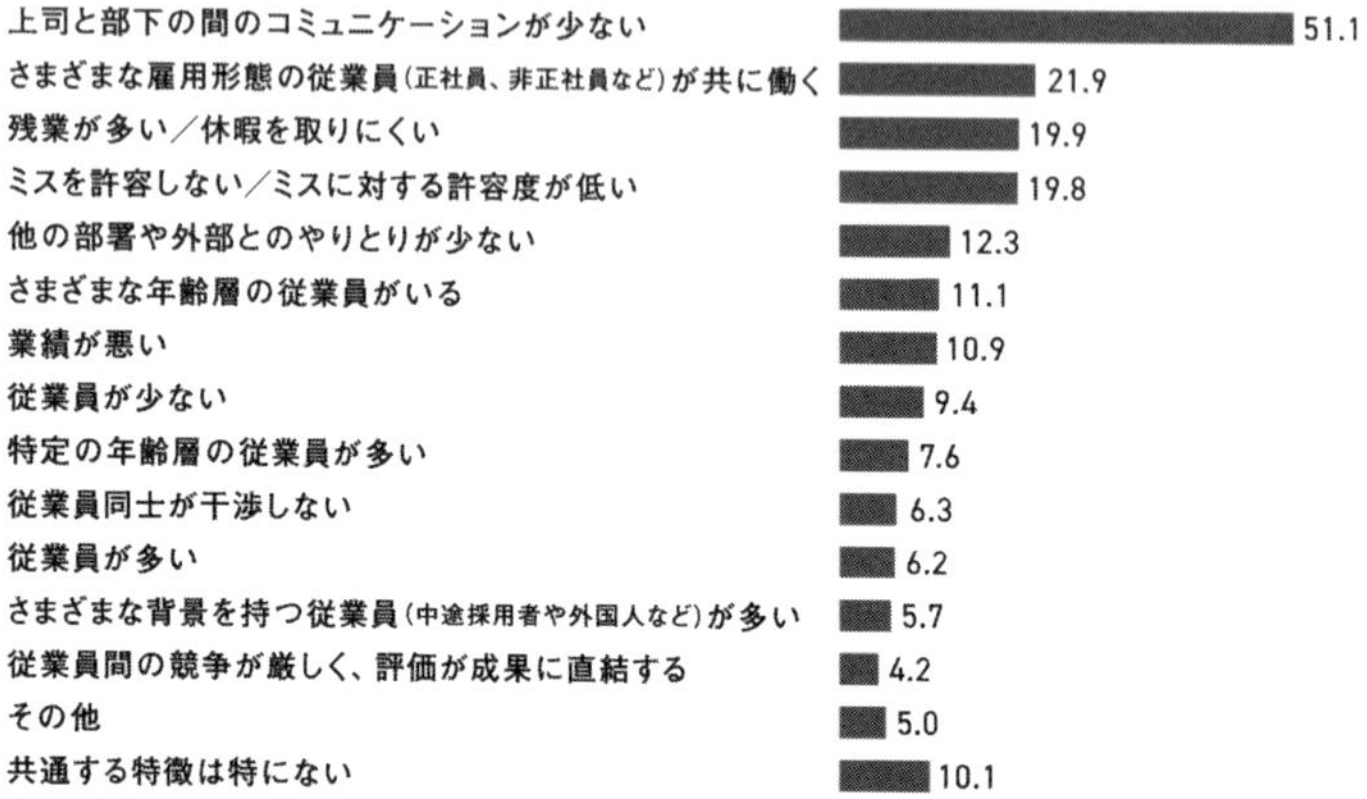

Naito, S., "Workplace Bullying in Japan", in: Workplace Bullying and Harassment (The Japan Institute for Labour Policy and Training 2013, p. 119, 2024年8月8日最終閲覧)をもとに日本語版を作成

算機科学者クレイグ・ラーマンは、「文化は構造に従う」と言いました。現代の新しいアイデアは、リソースを共有することや、人々の熱意が行き交い、オープンにコミュニケーションをすることによって生き残り、成長します。組織は、自分の強さと限界を知った上で、それを他人に話すことを恐れない人、つまり「自分が自分であること」に心地よさを感じる人たちによって導かれなければなりません。上の表からもわかるように、コミュニケーションが不十分で、ステータスが不明確で、ミスを恐れる職場では大きな損害が発生します。

異端者を評価し、天才に報いる

工業社会の暗殺者はスタートアップの世界では受け入れられません。彼らはイノベーションのルールを理解していないからです。リーダーが自分に嘘をつき、世界に嘘をつくということは、あなたが雇用したすべての人々があなたの振る舞いに倣い、そしてまもなくそれがあなたの会社の企業文化になります。人々の間のあらゆる相互作用と情報の流れは止まり、スタートアップは石像と化すのです。このような「暗殺者文化」がスタートアップで発生すると、プロダクトの改善やカテゴリーリーダーの特徴である迅速な市場フィードバックによって、社員たちが新しいアイデアを閃いたり、挑戦したりすることがほとんど不可能になってしまいます。従来型の企業は予測できない結果をもたらす実験をリスクと見なし、「正しいか／間違いか」「成功か／失敗か」という価値基準で判断しますが、スタートアップとして成功するには市場実験の興奮を受け入れなければなりません。わからないからやるのです。正解も間違いもありません。あるのは発見と改善だけです。大企業では「間違い」を犯すことや、うまくいかなかったことで非難されるのを恐れるあまり、人々の心は麻痺してしまいます。プロダクトの競争が光のごとく猛スピードで進んでいるというのに、人々はその組織の中だけを見て慎重に、時間をかけて行動するようになってしまいます。この時代に成功しようと思うなら、真にイノベーションを起こすのなら、「出る杭」を称賛し、できるだけ早く大胆に協働する必要があります。「暗殺者文化」が打ち壊そうとする「出る杭」は、日本のピーター・ティールやダニエル・エクかもしれません。その天才を打ちのめすことはスタートアップの自殺行為です。これは悲劇です。

企業の暗殺者は、秩序、予測可能なこと、規則に従うことが成功を左右するような構造化された環境で蔓延します。しかし、カオスを楽しみ、日々新たなルールを生み出し、終わりのない試行錯誤の連続を望むイノベーションの世界では、殺すものも、従うべきものもありません。

この「イエス!(Yes!)」にあふれたワクワクする世界で恐れるべきは、変化に適応できない、あるいはしようとしない自分自身なのです。日本が真にイノベーションを選択するならば、工業大国としての成功をもたらしたルールや規則、企業文化を捨てなければいけません。なぜなら、それらは日本を後退させ、その驚異的な潜在能力を発揮するのを邪魔するからです。日本は企業の暗殺者に内省を強いるべきです。曲線を平らにすることに多くの時間とエネルギーを費やすのではなく、異端者を評価しましょう。優秀さではなく、天才に報いるべきです。

新しいものを本当に創造したいなら、それが個人であれ、企業であれ、国であれ、難しいと感じたり、怖いと感じたりするかもしれない選択をする準備が必要です。ここでの「難しい」や「怖い」というのは、やるべきでないとか、できないという意味ではありません。ただ恐怖を乗り越え、より良い未来を受け入れる必要があるということです。これは簡単なことではありません。それがこの本を書こうと思った理由です。つまり、私は日本が繁栄することを望んでいるので、そのためには私にとっても難しく、怖いと感じるかもしれないことをしなければなりません。変化を促進することで世界中のエコシステムが繁栄するのを見てきましたが、日本ではこれまでのところ「芝居」と「話し合い」しか見られません。日本は難しい選択を避けています。スタートアップを活性化させようとするリーダーたちは、四角いペグを四角い穴に押し込めばうまくいくと望んでいます。しかし、それはイノベーションの世界では通用しません。

「イノベーション劇場」をやめる

ベストセラー作家で、コンシャス・リーダーシップ・グループ（Conscious Leadership Group）の創業者であるダイアナ・チャップマン（Diana Chapman）氏は「変化を望むだけでは何の意味もありません。いかに変化を促す行動を取り、阻む行動を無くす意志があるかです」と述べています。彼女が言うには、人は常にどう変わりたいか話しますが、それを実行することは滅多にないのです。こうした回避行動は、ビジネスの世界でも繰り返し見られます。

人々は多くのものを望んでいると口では言いますが、それを本当に得るためには困難な選択と、変化を遂げる意志、そしてコミットメントが必要です。例えば誰かが体を鍛えることや飲酒量を減らすことを話しているのを想像してみてください。ほとんどの人はただ話すだけです。フィットネスや健康的な生活を選択するという話であればわかりやすいですが、「行動変容」の概念を理解することは難しいです。私が見る限り、日本の主な障害はリーダーたちが必要な変化を理解していないことです。ですが興味深いことに、日本は本当にその必要性を理解すると、地球上の他のどの国よりも速く行動を変えることができることをこれまでに何度も示しています。

真に変化を追求する行動へとシフトするためには、イノベーションによってもたらされる驚くべき報酬、すなわち個人的な充実感、感情的なつながり、そして富を理解することから始めます。また、ほんのわずかなアイデアだけが本当に成功することを理解することも大事です。Ｓｏｚｏや他の成功したベンチャーファンドでは常に「１００倍のアイデア」を話題にしています。「もし１０００万ドルを投資したら、1億ドルをＬＰに返せるか？」という問いです。しかしそのようなリターンをもたらす企業は全ベンチャー投資のうちわずか1〜2パーセントです。そしてベンチャー資金を調達する企業はスタートアップのごく一部です。言い換えれば、我々ＶＣは変動するルールと非常に長期に及ぶ賭けを伴うハイリスクのゲームに参加しているのです。

起業家や投資家、ベンチャー弁護士、その他スタートアップの成功に依存する職業の人々にとって、その極めて低い確率を知ることによって、変化への意欲を失うことは直ちに「凡庸のゾーン」に陥ることを意味します。文化とデザインの質が資源へのアクセスを決定します。その結果として、凡庸なスタートアップは凡庸な人材とプロセスに繋がります。そうなれば、スタートアップの平均寿命である9.8年間が無駄になってしまいます。

日本でのイノベーションを起こそうとする試みでしばしば目にするのは、痛みを伴う選択をしている「ふり」をする手の込んだ見せかけです。政治家や経営者は、自分の仕事や地位を失いたくないため、写真映えしたり、華々しくメディアに取り上げてもらえるような形で、新しいアイデアを無理のある時間軸やパラメーターに落とし込んでしまいます。しかし、彼らは本当のリスクを取ろうとはしません。なぜなら、イノベーションに必要な10～15年のサイクルでは活動できないからです。Ｓｏｚｏのパートナーと私は、２０１９年にソフトバンクのビジョンファンドについてこのトピックを書きましたが、[2]彼らは自分のアイデアが実を結ぶまでの期間の長さ、新しいアイデアが成功するかどうかを証明する難しさ、そのアイデアの本当のコストについての難問に取り組むことができていません。彼らはイノベーションの成功を導いたことのある人々ではありません。彼らはまだ、自分たちの唯一の役割は政策、税制を簡素化し、基本的なイノベーションに資金を提供し、その後は介入しないことだということを学んでいません。

スタートアップの真のリスクは「リスク回避」

日本が変革すべき企業文化について、次に話したいのは、リスクに対する過度な心配をやめることです。リスクはもちろん生活の基本的な一部であり、時にはその最良の部分でもあります。しかし、一部の人々にとっては最悪の部分でもあります。日本は伝統的にリスク回避型の文化であり、一部の日本企業はリスク回避の象徴です。これはポスト工業時代にはうまく機能しましたが、革新の時代にはそれが障害となっています。過去50年にわたるスタートアップと公開市場のデータを見ると、長期的に影響をもたらす重要なイノベーションが実現するには15年かかり、小さな市場で小規模な実験を相当数繰り返してからでないとスケールできないことがわかっています。また、かけた時間とエネルギーがすべて水の泡となってしまうこともよくあることです。それは多くのリスクと不確実性を伴います。これは世界を変えるようなアイデアを実現するために痛みを伴う選択をする意志のあるイノベーターにとって、厳しい現実です。イノベーションを促進することは、既存の製品を拡大再生産するための工場を改善していくのとは異なります。混沌として、予測不能であり、以前述べた「出る杭」の人々の実験と冒険心のマインドセットにより導かれるものです。

スタンフォードの学生たちが恐怖を感じているとき、私は彼らにこう尋ねます。「もし1～2年の間に測定可能な結果を求める100のイノベーション実験をするとしたら、そのうちのどれくらいが予想通りの結果になると思いますか？」

経験があれば、その答えが「ゼロ」であることに気づきます。それはいつもゼロなのです！　予想通りにはいかないのです。あまりにも多くの変数と未知の要素が存在し、伝統的なリスクの定義――工業的な定義――が逆転します。そのため、正解と間違い、成功と失敗の定義を再考することが求められます。リスクはもはや予測できない否定的な効果のことではなく、失敗は数値目標に達しないことを意味しません。スタートアップの世界での真のリスクは、それが未来を発明するための大きな「実験室」であることを理解できないことです。リスク、つまり間違いとは、自分がうまくいくと信じる方法で実験を実行しないこと、予想される結果を設定しないこと、結果を見て評価しないことです。

むしろ、成功とはそれらの結果から学ぶことであり、良い結果も悪い結果も、それを繰り返し実験することです。恐怖ではなく、冒険の精神で問題に取り組むことです。それがエリック・リースの『リーン・スタートアップ』やピーター・ティールの『ゼロ・トゥ・ワン』で私たちが読んだことです。イノベーターとして、新しいカテゴリーを発明し、それを確信できるようになるまで迅速な反復と実験を行う必要があります。そして、その時にスケールするのです。

心の中で次のような疑問が浮かぶでしょう。「そのモデルにキャリアを賭けることができる人は非常に特別で稀な存在だ」と。それは正しいです。どの国や文化でもそのような人はごく少数です。文化芸術やプロダクトなどの分野を見れば明らかなように、日本は個人の創造性に満ちていますが、課題は既存の分野とは異なる、イノベーションの才能が繁栄するための場所がないことです。私は、日本の真のイノベーターたちに、厳しい現実を安易に覆い隠し、工業的な管理手法に従った単純化された大規模プロジェクト、委員会、イニシアチブを見つけ出し、その問題点を指摘してほしいと思います。そして、それを恐れず、安心して行えるようになってほしいと思います。

次の図で説明されているようなリスクのないイノベーションのアプローチは、ほとんどすべての政府関係者によって一般的に展開されているもので(日本だけではありません、信じてください)、これは単なる「イノベーション劇場」です。そこでよく使われる小道具は、恣意的な雇用統計や「コアな技術」への巨額な投資、豪華なビルの建設、同じ役割で名前だ

シリコンバレーと伝統的な日本のモデルの比較

項目	シリコンバレーモデル	伝統的な日本モデル
資金調達	ベンチャーキャピタル	メインバンク、後に金融市場
労働市場	ダイナミックで高学歴のトップタレントを世界中から採用	終身雇用、大学からの新卒採用
大学・政府・産業の関係	多面的で、新しい企業の形成に貢献する	大学の関与がほとんどない戦略的な政府-産業協力
産業組織	大企業とスタートアップの共生、激しい競争	垂直および水平の「系列」
起業家精神を巡る社会規範	起業家とスタートアップエコシステムを称賛	大企業と政府が最も権威があり、起業家とスタートアップの社会的地位は低い
プロフェッショナルサービス	スタートアップエコシステムを支援するプロフェッショナルサービス、スタートアップやコラボレーションのための多数のメディアやイベント	専門知識を支援する限られたプロフェッショナルサービス、スタートアップやコラボレーションのためのメディアやイベントの露出が少ない

Carnegie Endowment for International Peace "How Japan's Startup Ecosystem Grew Alongside Its Large Firms" 10, August, 2022 (https://carnegieendowment.org/2022/08/10/how-japan-s-startup-ecosystem-grew-alongside-its-large-firms-pub-87636, 2024年8月8日最終閲覧) をもとに日本語版を作成

けが異なるいくつもの新たな関連団体の設立といったものです。それらの団体はどうにかしてイノベーションに投資をするために作られますが、何の戦略もありません。戦略もなければ、困難な選択をするコミットメントもありません。何にコミットしているかというと、見栄えを良くし、メディアの見出しになるようなキャッチーな何かをしているように見せかけることです。単に今までやっていたのと同じ行動を繰り返しているだけで、本当の変化を生み出すことにはつながりません。皮肉にも、そこに関わる一部の人は、そのプロジェクト、与えられた任務、調査報告が意味のないものだとわかっているかもしれません。しかし、多くの人は自分たちが正しいこと、さらには重要なことをしていると思い込んでいます。それは間違いです。過去にうまくいった古い工業モデルを応用して未来を築こうなどという、よくある過ちを犯しているだけです。そしてこの最悪な点は、これらの役者のほとんどが、自分たちがこの劇場の一部であることさえ知らないということです。

このパフォーマンスが進行するにつれて、「役者」たちは本来の彼ら自身ではなく、期待される人物になっていきます。そしてここに、この誤った喜劇で明らかになる最も苦痛な欠陥があります。これらの組織における指示が、日本で最もイノベーティブではないリーダーから出ていることです。リソースの配分は官僚組織のトップダウンで決まり、リソースを得るには「イノベーション劇場」での役割を演じなければなりません。

イノベーションに脚本はありません。イノベーションの栄光に「演技」で到達することはできません。実験を設計し、選択し、測定し、学びます。再度実験を行う（または実験を終了し、新しい実験を試みる）ことを繰り返します。この世界には、「正解」や「間違い」はありません。唯一の間違いは、実験をできるだけ効率的に実行し、成長曲線を加速させることへの抵抗や不要な妨害です。日本がイノベーションを真剣に受け入れるのなら、クリエイティブな人々が企業の刺客から遠く離れて、「実験者」でいられる空間を作る必要があります。

最近禁煙した友人や体重を減らした友人、新しいスキルを習得した友人にその決意について話を聞けば、もっと早くやればよかったとか、やめる必要があるといつもわかっていたと言うでしょう。しかし困難な選択をし、自己改善のために困難な道を選ぶ、勇敢で決意の固い人々は稀です。大多数の人々はただ話すだけで、実際にピアノを買い、教師を雇い、毎日練習することはありません。だから、1年後も彼らはまだピアノを弾けません。そしておそらく、スコット・ジョプリンの「ラグタイム」を弾きたいという話をまだしているでしょう。日本はこのパラダイムに縛られ続ける必要はないのです。素晴らしい機会が今まさに目の前にあります！　この決断を下す力は自分自身にあります！　自分や周りの人々を信頼することは、解放感をもたらします。

非常に難易度が高いことのように聞こえるかもしれませんが、ここにある大きなチャンスと、日本がこの変化を行わなかった場合の壊滅的な損失の可能性を考えてみてください。私が見る限り、日本には3つの選択肢があります。

1）工業時代に培われた専門知識にしがみつき、その沈みゆく船と共に海底へ沈む
2）「イノベーション劇場」に時間と才能を浪費する
3）困難な選択と素晴らしい可能性を伴う真のイノベーションを受け入れる

現在の日本の課題は、3つ目の選択肢を選ぼうとしながら、実際には1と2を同時に行って、変わろうとする「ふり」をしていることです。変化を受け入れる「決断」をすることと、最終目標に向かう道を毎日「歩む」ことは別の話です。この道のりが極めて困難であり、それを成し遂げるためにどれほどの忍耐力が必要であるかは、先に言及したような無数の人々によって証明されています。タバコをやめたいと思っている人たちのように。マーク・トウェインは、禁煙については何度も成功したので、自分は禁煙の専門家だと自慢していました。これは人間、組織、企業、そして国々に共通する「衰弱」を引き起こす習性です。大胆な変化について語るのは簡単なことです。それを実行するのはまったく別の

ことです。

1 Dmitry Filippov, *Before Abe: A Brief History of Political Assassinations in Japan*, The Diplomat, July 19, 2022, https://thediplomat.com/2022/07/before-abe-a-brief-history-of-political-assassinations-in-japan/（２０２４年８月８日最終閲覧）

2 Phil Wickham, Koichiro Nakamura, *SoftBank's problems aren't so surprising if you understand this one thing about the company*, MarketWatch, October 30, 2019, https://www.marketwatch.com/story/softbanks-problems-arent-so-surprising-if-you-understand-this-one-thing-about-the-company-2019-10-30（２０２４年８月８日最終閲覧）

第 5 章

「永遠の学び手」であるために

最高の仕事を「デザイン」する方法

日本には世界で最も優れた教育システムがあると言えるかもしれませんし、それと同時に最悪であるとも言えるかもしれません。日本の産業の成功を支えたこの制度の強みは、今この国のイノベーションの未来を窒息させています。日本が本当に変革を望むなら、この国のイノベーションの推進力の足枷となっている問題、つまり創造的な人のための教育システムの遅れに取り組む必要があるでしょう。

私の提案は、未来を発明するユニークな個人のための場所を日本の教育システムの中に作ることです。私が思い描くビジョンはこのようなものです。日本はトップダウンの学校教育で使用される「習熟度アプローチ」を取り入れました（そして実際それを「習熟」しました）。習熟度アプローチでは、「師」である教師が、教室の前で教壇に立ち、学生を見下ろしながら、例えば代数学や化学といった科目の「唯一の正しい方法」を指導します。学生は黙々と大量のノートを取り、公式を暗記します。これは世界中どこにでもある光景です。

これらのスキルは重要であり、学生はそれらを習得しなければなりませんが、こういった能力を重視することはイノベーションの役には立ちません。

確かにそのようにして得た知恵が未来の設計に役立つこともありますが、知識があるためにかえって偏見や狭い考えに囚われてしまう場合もあります。伝統的な産業に即した教育では試験対策を教えます。教師が質問を出し、学生は暗記した答えを復唱します。最も多くの質問に最も早く答えられるほど、クラスのトップに近づき、最高の大学に入り、それから銀行や製造業の産業プロセスのトップに立ちます。それは多くの人々にとって、多くの場合うまく機能しますが、イノベーションのエコシステムではこの方法ではうまくいきません。

すでに述べたように、目前にある変革のチャンスを捉えるために、日本は自己発見、ナラティブ、そして信頼の重要性を理解する必要があります。イノベーションを教えるために——未来を設計するために——私たちはまず「絵《ビジョン》」を想像し、それから詳細な「物語《ナラティブ》」を作り始めます。それには一般的に「デザイン思考」と呼ばれる概念が有効です。私はスタンフォード大学のリサ・ソロモン教授からこの概念を学びました。まずは、プロダクトや経験について次の3つの質問を投げかけます。

1）私たちの制約条件は何か？

2）このデザインは機能的な有用性を最大限に高めているか？

3）このデザインは最大限の感情的なつながりを生み出しているか？

効果的なデザインは、あなたの情熱を表現し、最高のスキルを発揮させます。それを実現するには、自分の強みや弱みについて、高いレベルの自己認識と正直さを持つことが必要です。そのためには、次の2つの難しい質問に答えなければなりません。

1）あなたは何者か？（家族や社会が言うあなたではなく）

2）そしてどのようにその個性を生かして、あなたにしか思いつかない解決策をデザインすることができるか？

自己認識力とデザイン思考の専門知識を用いれば、あなたもイノベーションをデザインすることができるはずです。伝説的なスタートアップの根本にあるような真に素晴らしいアイデアは、イノベーターの心と頭脳の奥底から生まれてくるものです。私はよく「最高の仕事とは何でしょう？」と尋ねられることがあります。そんな時は「市場では『最悪ではない』仕事が提示されているだけです」と伝えます。最高の仕事においては、自分で自分のためにすべてをデザインし、そこでは多くのスキルを学ぶことができます。人生のすべての段階、すべてのアイデアを自分でデザインできることに多くの人は気づいていません。これは従来の教育が教えるものとはまったく異なるアプローチであり、「1つしかない正解」を、「無限の可能性のある正解」に置き換えるものです。テストのための教育が行われる階層的な世界で育った人にとっては、これは非常識に聞こえるかもしれませんが、ある人にとっては解放的であるかもしれません。世界をリードするデザインソフトの会社であるオートデスク（Autodesk）のCEOアンドリュー・アナグノスト（Andrew Anagnost）は元々は数学の教師でした。彼になぜ二次方程式の世界からデザイン会社の経営者に転身したのか尋ねると「数学では正しい答えが1つしかないが、デザインの世界では素晴らしい解が無数にあるから」と答えました。

私の会社、Sozo Venturesでは、定期的に日本からのインターンシップを受け入れています。学生の夏のインターンもあれば、MBA修了に伴うインターンもあります。私はSozo Venturesの共同設立者2人のうちの年長の方なので、インターン生たちは最大限の敬意と尊敬の念を込めて接してくれます。日本の素晴らしい文化から生まれた、とても立派な美徳だと思います。しかし、私はあえて「もしあなたが賛成できない、あるいは改善が必要だと思うような意見を私が言ったら、あなたはどう行動するのですか？」と聞いて、彼らのこの接し方を打ち壊すようにします。これは非常に重要なチャレンジなのです。なぜかというとＶＣ業界は「工業社会のモデル」では動いていないからです。つまり、私の年齢や経験、肩書きは、私の想像力や今後の大きなアイデアにとって何の価値もないのです。「最高のアイデアが成功する」――それに尽きるのです。Ｓｏｚｏのインターンには、私のアイデアに良い質問で挑戦できなければ、彼らの時間と私の時間を無駄にすると伝えています。真の革新的デザインの環境では、私は他の皆と一緒に学んでいます。Ｓｏｚｏのチームには、天才たちとその想像力を呼び込み、質問が飛び交うとき、何が起こるかはまったく予測できないと伝えています。ただ学びたいのです。もし彼らが古い産業の規則によって「年上の人があなたの上にいる」と考えて私に従うならば、私たちは皆負けます。これがどんな革新的な取り組みの際にも、また日本の新しい教育にとっても理想となるモデルです。

「質問」の力で貢献する

日本の教育の厳格なアプローチと年長者への過度な敬意は、革新的なエコシステムの構築に大きな障壁をもたらします。日本では天才はあまりにも頻繁に抑制されます。確かにこの教育システムによって「秀才」を作ることは可能ですが、私たちが求めているのは「秀才」ではありません。求めているのは「卓越性」です。私たちは何かの改良版ではなく、次の新しいものを望んでいます。そしてそれには難しい質問、奇妙な質問、不快な質問をすることが必要です。それは日本ではめったに起こりません。私が30年以上日本で過ごす中で、常に目にしてきたのは「良い質問」をすることへの恐れです。色々な意味でこれは称賛に値する文化です。「師」である教師、博士、上司に敬意を示しているのだとわかります。だから私は日本で講演する際、質問してもらうよう繰り返しお願いしています。日本では講演者に対して質問をすることが時に失礼にあたることを理解しています。しかし、シリコンバレーでは反対に「質問をしないこと」が失礼にあたるのです！　質問してこないということは、私の話したことがつまらないという意味になります。私のアイデアをより良くするために、あなたの天性の才能やアドバイスを提供しようとしていないということになるのです。

幸いなことに日本政府は、イノベーションの推進を模索し、投資し始めました。投資をするにあたって、国のリーダーたちが、イノベーションには科学的なアプローチがあることを認識してくれるのを期待しています。工業社会の科学とは異なる、イノベーションの科学があるのです。次のセクションでは、この一連の実践についてさらに深く掘り下げます。それぞれ相互に関連し、体系化された実践があります。自己認識が天性の才能につながり、天性の才能は想像や探究を通じて、より良いデザインを生み出します。日本は、世界を変えるのはルールに従う者ではなく、クレイジーな天才であることを認識する必要があります。この時代の本田宗一郎がどうなるのか、私は常に考えています。彼、または彼女は、日本でホンダのような会社を創ることができるでしょうか？　おそらくできないでしょう。日本の天才たちの一部はシリコンバレーに逃げ込んでいますが、ほとんどは日本で窒息させられています。真の成功を生み出すためには、この秀才を量産する「習熟」の文化を打ち壊し、実験と未来の発明を重視する文化に置き換える必要があります。

「習熟の罠」から抜け出すために、私は世界最大のヘッジファンドであるブリッジウォーター・アソシエイツの創設者レイ・ダリオ（Ray Dalio）と彼のベストセラー『プリンシプルズ人生と仕事の原則』（日本経済新聞出版）を参考にしています。この本の中でダリオは、ブリッジウォーターを築くために用いた信念、価値観、行動原則を示しています。私のお気に入りの1つは「あなたは自分の意見を言う資格を得ましたか？」というものです。あなたが医療の専門家でないのにテニスで膝を痛めた友人に何をすべきか本当に伝えるべきでしょうか？　あなたのデータが古いのに子供にどのキャリアを選ぶべきか本当に教えるべきでしょうか？　ダリオは「ノー！」と言います。この原則に基づいて、私は自分の専門ではない「未来」についての対話に貢献したい場合、質問をする方が遥かに良いと学びました。私の意見は無視され、評判を落とすでしょう。賢い質問の力を示すために、スタンフォードのクラスから私のお気に入りの質問をいくつか引用します。

■求職者についてよりよく理解したい場合、推薦者に「もし私が6カ月後にこの人を解雇するなら、その理由はどのようなものだと思いますか？」と尋ねます。
■起業家のエコシステムに関する知識をテストする場合、「あなたによって最も脅かされている大企業はどこでしょう？　それは良いことですか、悪いことですか？」と尋ねます。
■バイヤーに関する創業者の知識をテストする場合、「購入決定を下すのは誰で、その場には他にどのような人がいて、どのような話し合いをしていますか？」と尋ねます。

素晴らしい問いなしに、素晴らしい答えはありません。素晴らしい問いは、その相手やその人の意識について教えてくれる答えにつながります。しかし重要なことは、あなたの質問が相手にあなた自身について教えることです！　あなたが世界をどう見ているか、あなたの才能がどこにあるか、そしてあなたの理解力や共感力のレベルが伝わります。

「素晴らしい問い」という概念を、私はスタンフォードのクラスのスタジオセッションで繰り返し強調しています。このクラスは、スタンフォード大学の工学部、特に世界的に有名なハッソ・プラットナー・デザイン研究所（通称「d.school」）の傘下で教えられています。その名前自体が「なぜ“d.school”で、“デザインスクール”ではないのか？」という問いを生み出します。

このニックネームは意図的に奇妙で気取らないものになっています。「Design」という言葉を使っていないのは（特に大文字のD）、伝統的なデザインスクールで教えられる方法が車や椅子、建物、時計などの物理的なプロダクトにのみ適用されることを示唆するためです。d.schoolは、人の心と手で触れることのできるあらゆるものがデザインでき、またデザインすべきという前提で設立されました。それは非常に本質的で刺激的な概念です。冒険の場における、未来への探求と好奇心を促進します。

しかし、d.schoolの成功の背後にある、さらに根本的な概念は、私の意見では、この格言です。
「私たちは答えを求めるのではなく、問いを求める」

私たち――学生、ゲスト講師、そして私――は、急成長する組織をデザインするためのモデルを提示するのに教室を利用します。これには自己評価の哲学、文化のデザイン、成功の測定、エコシステムのマッピング、信頼構築などが含まれます。またスタートアップの構築や資金提供をするイノベーションリーダーを招いて、彼らが使用するツールやモデルを学びます。彼らの言うこと全部を学生が理解できるわけではなく、一部の専門家の考えは互いに矛盾することもあります――なぜなら、正解はないからです。私は学生に言います。「あなたの仕事は、これらのツールやモデルの批判的分析を行い、あなたに最適なものを選ぶことです」。それが彼らの評価基準になります。そしてこれは有効に機能します。学生たちは実際にベンチャー資金を調達し、スタートアップのアクセラレータープログラムである「Yコンビネーター」を卒業し、顧客を喜ばせ、世界の変化に貢献し始めています。

スタンフォードの学生たちがスタジオセッションに入るとき、彼らは単に革新的な組織の構築方法についてのワークショップに参加するのではありません。彼らは未来志向の実験を行う新しいマインドセットにも触れることになります。そこには厳密な序列などはなく、すべての人の才能が輝き、目標は「正しい」答えを機械的に繰り返すことではなく、大胆で洞察に満ちた質問をすることで自分やクラスメートがより良い明日を築く手助けをすることです。

前述したように、古い工業社会では階層が固定化されていますが、イノベーションの世界では常に柔軟に変化しています。スタンフォードの授業では、机や椅子を動かすのです！　常に動かし続けています。大きな円になって座ることもあれば、小さなグループに分かれて座ることもあります。机や椅子などをすべてよけて体を動かす演習をすることもあります。教壇の後ろに年配の賢い人が鎮座していることはありません。これらすべてにおいて学生と教員に伝えたい非常にシンプルなメッセージがあります。それは、未来を創造しているとき、誰がその瞬間に最良のアイデアを持っているかはわからないということです。時には、最も経験豊富な人が最悪のアドバイザーであることもあります。この学習環境を作り出す理由はシンプルで、探求を奨励しているからです！

まず各学生は自分のアイデアの最良のバージョンや細部に渡る自分のビジョンの物語を想像することから始めます。その後グループとして、それらをさらに明確にするために次々と質問をします。物語をさらに良くするための未知のヒントを探し、アイデアを妨げるリスクを見つけます。グローバルなカテゴリーリーダーになるための天才的なリーダーシップと動機、そしてリーダーがどのように組織を拡大し、振る舞うかを深く探ります。組織が成長するにつれて、財務指標がどのように推移するかについても質問します。学生たちは、重要な資本源（才能、プロセス、知的および財務的な資源）にアクセスするための関係をどのように構築するかを尋ねます。そして通常、最良のアイデアや質問は部屋の中で最も若い人たちから出てきます。

私が教えてきた中で最も優秀だった学生の1人は、ぜひ授業を聴講したいと言って参加した18歳の新入生でした（この授業は本来は大学院生向けなのですが、私は多様性を重視しているので、新入生から博士課程までの学生も受け入れており、さらに客員教授も客員研究員も聴講できるようにしています）。彼は常に洞察力のある、驚くような問いを投げかけるので、やがて10歳年上の人もいるクラスメートの中で、絶大な信頼と地位を獲得しました。あまりにも優秀だったので、今は私のクラスアシスタントになっています。通常、クラスアシスタントは博士課程の学生であることが要件だったためスタンフォード大学と交渉する必要があり、特例で認めてもらいました。

これは学生たちにとって、世界のあらゆるものに影響を与えるチャンスを切り開くための柔軟な思考の一例です。私たちは、組織はデザインできるし、そうすべきであり、その文化やそれを駆動するすべての重要な関係もまた同様にデザインできると教えています。もちろん学生は従来のエンジニアのように製品をデザインすることもできますが、それと同じくらい簡単に、何かを作り始める前に、スタートアップのユニットエコノミクスや財務諸表をデザインすることもできます。財務は多くのビジネススクールで教えられているような従来型の分析である必要はありません。高い意識レベルと適切なツールがあれば、ビジネスに関するあらゆることをデザインできるにも関わらず、多くのリーダーはこれに気づかず「失敗」や地位の喪失、確実性の欠如への恐怖によって状況に対して実に無計画に反応してしまいます。

d.schoolの根底にあるこの極めて自由なマインドセットを象徴しているのが、建物の入り口から廊下を進み、学生の作業机がいくつもある、よくイベントが行われるメインアトリウムに入るときにまたぐ、「1本の線」です。床を見ると古いレンガが一列に埋め込まれています。この線を超えてそのオアシスに足を踏み入れることは、スタンフォード大学のキャンパスから離れることを象徴しています。Center for Human Capital Formationのエグゼクティブ・ディレクターであるアデ・マボグンジェ博士が言うには、その小さなレンガの列が「スタンフォード大学のルール、制約、歴史ある秩序の終わり」を示しています。古典的な工業社会のマインドセットで見ると、d.schoolも工学部の4つの建物も、スタンフォードのキャンパスの真ん中にあるので、まったく意味のないことに思えるでしょう。しかしd.schoolのマインドセットでは、レンガの線をまたいだときに伝統的な考え方を脱ぎ捨てているのです。スタンフォード大学自体、世界の他のトップ大学と比べればそれほど「伝統的」ではないので、二重の意味で興味深いことではないでしょうか。

こうした伝統との線引きは、私の授業にとって理想的な環境です。なぜなら、スタジオにおいて学生に求めるマインドセットは、自分たちの天性の才能や情熱を最大限に生かして「より良い未来」をデザインすることだからです。真の自分を理解すればするほど、学生たちの自信が高まります。また興味深いことに、真の自信は好奇心に突き動かされた謙虚さを育みます。スタジオセッションでは、スタートアップのストーリーを明確にするための難しい質問や実践的なアドバイスのやり取りのスピードが、週を追うごとに上がっていきます。ある瞬間に何らかのプロジェクトのリーダーだった学生が、次の瞬間には別の学生のプロジェクトのコーチになったりします。

このプロセスにおいて、私たちはしばしば今の世代の学生たちに見られる最も興味深いある1つの傾向に気づきます。それは正義を拡大するための組織をデザインしたいという情熱です。例えば、私たちが当たり前だと思っている基本的な金融サービスや銀行サービスへのアクセス、犯罪歴のある人を合法的なイノベーションを起こすことへと導くこと（犯罪者が起業家になるのです！）、クリーンエネルギー、シンプルなデジタルＩＤを広めようとしています（学生の１人が教えてくれたのですが、世界で真水が手に入らない人の統計と同じように、政府が発行する正式なＩＤを持っていない人が50億人もいるそうです）。このプロセスの中で、彼らが持つ真の推進力や、デザイン思考とスキルの新たな活用法、そして無限の可能性を信じて取り組む豊かなマインドセットが交差します。

私のd.schoolの授業では、スタジオセッションから最大限の成果を得るために「正解／不正解」「成功／失敗」という言葉の使用を禁止しています。「判断」や「不安」のない環境を作っています。なぜかというと、学生たちが作ろうとしているスタートアップは、結果のほとんどを正確に予測することは不可能な、複雑な実験だからです。だから「正解」を当てようとしたり、実験の結果を予測しようとはしません。実践を通じて学び続けることがゴールなのです。d.schoolではアイデアのプロトタイピングをするときに、アルミホイル、紙、テープなど、安く簡素な材料を使うことがよく知られています（d.schoolの中にはまるで小学校の教室のように見える一角もあります）。このような材料を使うことで、学生がアイデアを形にせずに考えすぎてしまうことや、美しく高価な材料で作った悪いデザインに感情的に執着することを防ぎます。最も重要なゴールは「素早い試行錯誤」なのです。アイデアを試し、素早くフィードバックを得て、また試すということを繰り返すのです。スタジオでは、これを教え、育てます。うまくいくと、独創的なアイデア、それを明確にするための質問、専門的なアドバイスが部屋中を飛び交い、そのやり取りのスピードがどんどん早くなるのです。それを見るのは素晴らしいことであり、それを体験するのはさらに素晴らしいことです。

しかしこうした考え、行動、反応は、命じただけでできるようになるものではありません。教え、絶えず奨励する必要があります。また「弱み」を見せ、イノベーティブになることができる安全な場を作る必要があります。古い工業社会の教育モデルで育ってきた学生たちの間でこの仕組みを機能させるためには、私たちはスタジオの中に今までに無いイノベーティブな「エネルギーの場」を作らなければなりません。スタンフォード大学に入学できる優秀な学生であっても、「ルール」を学び、それに従うように訓練されています。先生に指名されたら「正しい」答えを言うように刷り込まれています。彼らにしてほしいことは、立ちすくんでしまうくらいに目まぐるしく変化する未来の不確実性を直視しつつ、力を抜くことです。そして、広く、多くの専門家に良い質問をし、アドバイスを求めることです。私たちは「正しい答え」よりも正しい問いのほうが役に立つことを知っています。また「問いによる探究」のマインドセットと知的体力を開発することは、誰にとっても非常に難しく、とりわけ日本では難しいことだと思います。難しいですが、可能です。日本が持つ無数のモデル、サポート、リソースを活用すれば実現できます。スタンフォードの私のクラスのスタジオセッションのように、学生がアイデアから実際のスタートアップを生み出すことができる環境です。これをうまく機能させるためには、学生はルールに基づく工業的思考を捨て、新しいマインドセットを持つ必要があります。

「木」のように考える――森の生態系《エコシステム》

私は新しいマインドセットを教えるときにいくつかのメタファー(比喩)を使って説明します。今回紹介するメタファーは「森」です。これは特にハイキングやキャンプ、自然を愛する人をはじめ、多くの人にとってすぐにピンとくるものでしょう。ただ、無知な人に「森」というと、1本の木があり、その隣にもう1本、さらにその隣にもう1本と木が並んでいれば森になると考えがちです。そして木がたくさんあればあるほど森が大きくなると考えます。これは工業社会における人や組織の考え方と似ています。「組織は個人の集合体に過ぎず、私の直属の上司や部下以外は関係ない。それ以外に周りで何が起きていようと私が気にする必要はない」

しかし森の木は孤立して生えているわけではありません。一見、単独で立っているように見えても、実は周りのすべての木や植物とつながっています。張り巡らされた根や菌根菌(植物の根と共生する菌類)のネットワークを通じて相互に作用しています。健康な木が病気の木に抗菌作用のある物質を与えることがあります。また、害虫がついてしまった木が近くの木から天然の殺虫剤を受け取っていることがあります。木は光合成によって生み出した豊富な脂質や糖類を菌根菌に供給し、代わりに菌根菌が植物の成長にとって必須なミネラルや水を効率よく土から吸い上げ、木が元気に育つのを助けます。カリフォルニアのレッドウッド国立公園では、巨大なセコイアの木が母親の切り株の周りを取り囲むように生育し、結果的に「家族」が相互に強く依存している状態で生えていることがわかります。本当の家族のように支え合う文化を形成しているのです。それぞれの木が独自の組成、役割、特質によって森のシステムに貢献しています。そして木の健康と寿命は、森の生態系《エコシステム》につながる能力によって決まります。マーリン・シェルドレイクの『菌類が世界を救う』(河出書房新社)はこの自然界における菌類のネットワークの役割と構造を見事に説明していますが、森の生態系とイノベーションのネットワークには驚くような類似点がたくさんあります。自然の豊かな土壌は資本のネットワークの完璧なモデルです。私たちは学生たちに、この森の木々のように、相互に絡み合い、依存し合うネットワークを構築するように教えます。成功したいのであれば、独りでは立ち行かないことを知る必要があるのです。

私のスタンフォードの授業では、資本形成を次の4つの段階に分けて研究し、教えています。学生のスタートアップを促進するために、四半期の間にこの4つの段階を強化します。

1）意図：「あなたの天性の才能は何か？」「あなたが最も関心のあることは何か？」という2つの根本的な問いに学生たちが答えられるように支援します。

2）デザイン：「最も関心のある課題を解決するための最善の方法は何か？」

3）資本：「デザインが発展し成功するために必要なリソースは何か？」

4）信頼：「最高の人々から、成功に向けて必要なリソースを提供してもらうためにはどうしたら良いか？」（素晴らしいワイナリーや一流の寿司店と同じように、スタートアップの成功は最高のリソースと最高のプロセスを活用できるか否かにかかっています。信頼が無ければスタートアップは失敗してしまいます）

学生自身とそのプロジェクトが外の世界で価値あるものとなり、グローバルな「森」で貢献する存在になるには、まず学生が自分自身をよく知っている必要があります。そうしなければ存在を知られ、信頼を得ることはできません。認識され、理解されて初めて、周りもどのように連携すればいいのかがわかります。学生はまず自分の「意図」を明確に認識する必要があります。そうすると「森」は、その学生のウェブサイト、ミーティング、プレゼンテーションでの発信を通じて、スタートアップの背景にある意図を受け取り、理解できるようになるのです。

恐れも警戒心もない「フィードバック」

意図が明確になったところで「スタジオセッション」に移り、デザインのプロセスに入ります。ここでは「未来の物語」を書きます。成功するイノベーションや未来の創出は、「次の5年間で会社がどうなれるか」というストーリーから始まります。未来のビジョンを描いたこのストーリーが、チームの結束力を高め、最高の人材を惹きつけ、会社が顧客に売り込むものとなるのです。このビジョンは創業チームの天性の才能と目的意識に基づいて生み出されたものでなければなりません。

次に、「学生CEO」はこの物語を他の学生と共有し、ビジョンをより明確にするための質問や、デザインを改善するためのフィードバックをもらいます。このやり取りをうまく機能させるには、学生たちが「スタジオは安全で、冒険する場である」と捉えなければなりません。従来の構造的な授業では、フィードバックは評価や批判と受け止められていました。そのため学生は発言を躊躇したり、自分の考えを率直に話すことを恐れたりしていました。スタートアップが成功する上で最も重要な要素の1つは、外部の声や専門家の意見を取り入れて加速度的に学んでいくことです。未来を創り出すときは、恐れや警戒心を抱く必要は一切ないのです。むしろ大冒険であり、ワクワクする気持ちを生み出すはずです。工業社会の環境では他人の評価に傷つくこともありますが、イノベーションの世界では、好奇心やアドバイスこそが、あなたの大胆な実験に対するフィードバックであり、学ぶための機会となる贈り物なのです。

例えば、昨年のフィードバックセッションでは、宇宙工学の大学院生が、NASAと共同で地球低軌道（low-earth-orbit, LEO）に最先端の半導体の製造施設を作ろうとしていました。地球上の工場に比べて製造エラーを1000分の1に減らし、生産歩留まりを飛躍的に向上させることが主な目的でした。この未来のビジョンをスタジオセッションで発表すると、仲間たちは彼にたくさんの鋭い質問を浴びせました。エラーの減少によって実際にどれくらいの歩留まりの向上が得られるのか？　単位あたりのコスト削減効果はどの程度で、それにより売上総利益はどれくらい上がるか？　長期的に見てLEOに原材料を運んで完成品を地球に戻すための輸送コストはどのくらいに落ち着きそうか？　宇宙での人事関連の規則はどうなるか？　仲間から素早くこのような質問が25～30ほど投げかけられ、学生CEOはそれに答えつつ、会話を後に復習できるように録音しました。

このスタジオセッションでは、とても重要なことが2つ起こりました。1つは、学生CEOがたくさんの鋭い意見をもらい、彼のアイデア、スタートアップ、未来のビジョンがより磨き上げられたことです。もう1つは、大局的に見てこの場が、まさにオープンであることや探究で得られる多くの利点を具現化していたことです。学生たち全員が、試行錯誤と実験による加速度的な学びを体験することができたのです。企業の世界でよくある見当違いの批判によって味わう屈辱より、よっぽど生産的であることを実感できたでしょう。この方法は、米国のトップ大学の1つであるスタンフォードでうまく機能しています。この種の学習環境によって個人や組織が成長するのを目の当たりにしてきましたが、これは否定できない事実です。また、それは秘密でもありません。実際、その反対です。ここに私自身の目標があります。それは日本でこの種のスペースを実現し、継続を支援することです。私は日本の繁栄を見たいと思っており、真の進歩に向けた動きを開始する日本の主要なリーダーたちに警鐘を鳴らそうと10年以上にわたり努力してきました。

キーとなる原動力は「今日どれだけ速く学び、明日どれだけ速く学べるか」です。これは、IPを商業化する科学者であれ、そのアイデアに投資するVCであれ、教育プラットフォームのリーダーであれ、同様です。イノベーションの世界では、加速学習がすべてである理由はシンプルです。Ｓｏｚｏのチームの主要なマインドセットは「私たちがＶＣの仕事を正しく行っているならば、常に１００パーセントの時間で起業家を支援して、未来を発明していることになる」というものです。これが私たちがすべき唯一のことです。優れた起業家は、自分が持つすべての力を認識し、そこから未来のイメージを作り、それに向かってやるべきことを構築します。彼らの資金調達の努力は、企業から企業へとピッチを行う際、「未来についての授業」とも言えるもので、彼らのアイデアがなぜその未来への貢献になるのかを示すものです。だからこそ、投資家として、私たちは常に学ぶ準備ができていなければなりません。これは、イノベーションエコシステムにいるすべての人にとっても同様です。

Spotifyはなぜ成功したか？

世界最大手の音楽配信サービス、スポティファイ（Spotify）の成功は、加速学習の威力を示す好例です。ポータブルな音楽の魅力を最初に紹介したのはソニーのウォークマンですが、ウォークマンによって持ち運べる音楽の数はカセットの数に限られていました。スポティファイの創業者ダニエル・エク氏は、かつてインターネット上ではびこっていたライムライト（LimeLight）やナップスター（Napster）といった違法なファイル共有ソフトの状況を見て、手元でストリーミング可能な音楽に対するニーズがあると考えました。また自動車送迎サービス、読書、メッセージのやり取りといった人々のあらゆる行動が、どんどんスマホに移行していることにも気づいていました。そしてエク氏の慧眼といってもよいのは次の点です。音楽レーベルが、競争相手ではなく最も強力なパートナーにならない限り、スポティファイの成功はありえないと理解していたことです。そのため、彼は自分の描くビジョンがいかに魅力的なものかを音楽業界の人々に伝え、彼のビジネスを実現する方法を考えなければなりませんでした。デイリーテレグラフ紙の記事[1]によると、スポティファイのアイデアは、物議を醸したファイル共有ネットワークのナップスターが機能しなくなり、それに続く音楽ダウンロードサービス、カザー（Kazaa）が台頭してきたときにエク氏の頭に浮かびました。彼はこう言っています。

「海賊版の横行を法律で取り締まることは難しいことに気づきました。法律で取り締まることは確かに海賊版を減らすことへの一助になりますが、それでも完全に取り除くことはできません。問題を解決するための唯一の方法は、海賊版よりも優れていて、同時に音楽業界の収益にもつながるサービスを生み出すことでした。それがスポティファイになったのです」

ここでわかるのは、エク氏は常にどうするべきかを考え、学び続けていたということです。彼は何百もの似たようなアイデアが出てくる中で、重要な成功要因を理解しようとしました。彼は今も毎日のように学び続け、進化する顧客のニーズや潜在的なパートナーへの理解を深めるために常に世界の動向を調査し続けています。このような動向を捉える中で、彼は最終的に雑誌『ローリング・ストーン』、フェイスブック、スターバックス、クラウドアルバムといった多様な企業とのパートナーシップを結びました。VCファンドであるクランダムもシード段階から投資していましたが、彼らもまた共に学び続けなければなりませんでした。スポティファイは今やよく知られていますが、淘汰されたCrowdmix、Grooveshark、Rdioといった音楽ストリーミングのサービスがあったことを覚えている人は少ないでしょう。これらのサービスには、ダニエル・エク氏の学習スピードに追いつくような謙虚さ、好奇心、学ぶ力が欠けていたのです。

エク氏のパートナーになったメジャーな音楽レーベルには、加速度的に学ぶ貪欲な経営者がおり、スポティファイが与えてくれる機会の意味を理解することができました。だからこそ提携関係を結ぶことができました。初期の頃は、ほとんどのアーティストや音楽レーベルがスポティファイに対して非常に脅威を感じていました。これは工業社会のマインドセットを持っている人にはありがちな反応です。ユニバーサル・ミュージックはエク氏が提案する未来の可能性に目をつけ、2008年にいち早くパートナーとなりました。その際、先発企業としての優位性を得ると同時に、スポティファイの株の3.3パーセントを保有することができました。提携している期間中、他のレーベルが苦境に立たされて解散する中、ユニバーサル・ミュージックは収益をほぼ3倍に伸ばすことができました。

スポティファイの初期の従業員も、賢く速く学ぶ力が十分にあったからこそ、RdioやGroovesharkに飛びつくのではなく、エク氏と働くことを選択したのです。エコシステムの中で勝ち続ける人は、いつでも可能な限り速く学び続けています。

私たちVCも同じように学び続けることが求められます。それはさらに何倍にもなります。なぜならVCは日常的に幅広い業界（金融、保険、エネルギー、食品の安全、医療、合成生物学、その他多数の業界）の変化について、最新情報を把握し続けなければならないからです。私たちは毎日様々な業界でスポティファイのようになりうる企業と会っているので、それぞれのテクノロジーや動向に精通している必要があります。彼らがアイデアを教えに来てくれるときに、私たちが彼らのビジョンを「理解」できるように、有能な学び手でなければなりません。永遠に学び手である、というマインドセットが必要です。

1　Rupert Neate, *Daniel Ek profile: 'Spotify will be worth tens of billions'*, The Telegraph, February 12, 2010, https://www.telegraph.co.uk/finance/newsbysector/mediatechnologyandtelecoms/media/7259509/Daniel-Ek-profile-Spotify-will-be-worth-tens-of-billions.html（２０２４年８月８日最終閲覧）

第 6 章

「最高の仕事」の機会に招かれるために

「防御シールド」を解除し、最高の人々と仕事をする

キャプテン・ジェームズ・T・カークと彼の宇宙船エンタープライズのように、日本は今、発見と探検の旅に出ようとしています。このトピックについて話すとき、熱心なスター・トレックのファンである私は、エンタープライズが攻撃を受け、カーク船長が「防御シールドを上げろ！」という緊急指令を出すと、チーフ・エンジニアのスコットに「船長、パワーが足りません！」と言われるシーンを思い出さずにはいられません。宇宙船を光速に上げたり、光子魚雷（架空の兵器）を放つときにはそんなことは言いません。なぜ防御シールドの方がエネルギーを食うのでしょうか？

似たようなダイナミズムは人々の間でも見られます。私たちは本当の自分を隠し、偽りの人物を演じるために防御シールドを張り巡らせます。そこに労力をかけていると、気づかないうちに疲弊してしまいます。そんなことにエネルギーを費やすくらいなら、代わりにより良い未来を想像したり、ワクワクするような新たなプロダクトやサービスをデザイ

ンしたり、最高のアイデアを見極めて飛びつくことのできるチームの文化を構築することだってできるのです。

シリコンバレーの成功の主な理由は、ほとんどの防御シールドが下がっているからです。私はカウフマン・フェローズのCEOとして世界中でエコシステムが立ち上がるのを見てきました。そこでプロジェクトを率いる起業家、投資家、行政や教育機関のリーダーたちは、シリコンバレーでの成功の秘訣について、一様に短絡的で間違った考えを持っていました。成功の秘訣は、スタンフォード大学で生み出された画期的なテクノロジーだけではなく、また資本が手に入りやすいことや、良いプロダクトがあるから、ということだけではありません。日本、ドイツ、フランスには、シリコンバレーと同等あるいはそれ以上に優れたテクノロジーが数多くあります（特に優れた会社であれば、アメリカ国内外に関わらずシリコンバレーのVCの目に留まるはずです）。シリコンバレーには、スタートアップが十分な努力を重ねれば、個人の力を連携させることによって夢の実現が可能であることを深く理解する文化があるのです。それらのスタートアップは、いかに素早くプロダクトを作り、実験からすぐに学ぶかというスピードで勝負します。どこからでも、誰からでも、良いテクノロジーを見つけたら応用します。テスト市場にプロダクトやサービスを素早く投入し、具体的なフィードバックを得て、デザインを調整し、何回か繰り返した結果、顧客価値や感動を創造できるようになります。そんな環境では、少しでもイノベーション劇場、連携不足、暗殺者文化があるような企業や人々はすべて失敗します（シリコンバレーにもそのような企業や人がいますが、多くの場合は早いうちに淘汰されてしまうので、耳にすることはないのです）。

シリコンバレーにおけるハイレベルな専門知識の絶え間ない往来は、信頼関係に基づいており、スタートアップの成功にとっての恵み豊かで必要不可欠な資源です。重要なのは、シリコンバレーではこの専門知識が喜んで惜しみなく提供される一方で、日本では貴重な資源と見なされ、独り占めにされるという点です。そのような態度はイノベーションを妨げ、スタートアップを潰してしまいます。

スタートアップが成功するためには、イノベーションの分野では「資本」というラベルの下でまとめられる多種多様な資源が必要です（資本には、金融資本、人材資本、知的資本、プロセス資本など様々な形態があります）。素晴らしい成功を収めるために（ワイン、スポーツ、食べ物などにおいても）、最高のスタートアップは必要なあらゆる資本の中で最も質の高いものを求めます。そして最高の資本はそのエコシステム内の最も熟練した専門家からもたらされます。しかし、どうやってそのような専門家にアクセスするのでしょうか？ どうやって信頼を築き、その天才たちと同じ部屋に入ることができるのでしょうか？ 少なくともシリコンバレーでは、その答えは驚くほど簡単です。これらの専門家は自分の情熱と専門知識を理解しており、常に自分のレパートリーを広げ、スキルを向上させる関係を求めています。言い換えれば、彼らは最高で最も賢明で……そして最も信頼できる人々と仕事をしたいのです。このレベルでの関係は、尊敬と信頼に基づいて築かれます。

弱さを見せる勇気「バルネラビリティ」の力

信頼関係を構築するには、相手が自己をさらけ出しているのと同じように、まずはどんな時でも本当の自分を見せる必要があります。この正直さと透明性が「バルネラビリティ（弱さを見せる勇気）」です。創造性を発揮し、真に創造的な人々と仕事をするには、バルネラビリティが必須です。ここでまた日本の根本的な問題に舞い戻ります。暗殺者だらけの国なのに、自分をさらけ出し、あえて弱みを見せることなどできるのか、ということです。

イノベーションにおける「暗殺」はいつも同じように起こります。自己認識の不足や自分を守るための壁を作ってしまうことで、最高の仕事の機会に招かれることを逃してしまうのです。自分の領域の最高のプレイヤーとパートナーになるために、最高の自分を出すことができないからです。さらに悪いことに、自分でそうしてしまったことにまったく気づかず、すぐ近くにその機会があったことも知らないままになります。当然ながら誰もそのことを教えてはくれません。何年後かにその大きな成功をニュースの記事で読むことになるだけです。招かれなかった理由は、あなたが本物ではなかった、意識していなかった、心がこもっていなかったからです。本当の自分、最高の自分を出していなかったからです。最高の文化の最高のスタートアップ、最高のイノベーターは、本当の自分を出さない人とは関わろうとしません。バルネラビリティの不足が組織としてのスピードにどれだけダメージを与えるのか、知っているからです。

そして私が見る限り、日本でこれを打ち壊そうとする動きが起き始めていることを嬉しく思っています。既存の企業の価値観を否定する若いイノベーターのコミュニティができつつあるのは、最も楽しみな傾向です。彼らはオープンであること、弱みを見せること、失敗することを恐れていません。大変に幸先が良いことです。ただ、これだけでは十分ではありません。この動きを加速させるには、シリコンバレーの偉大なイノベーターにとってコアな強みであり、しかし日本ではさほど重視されていないスキルを開発する必要があります。

「扁桃体」の意思決定から逃れる

イノベーターにとって重要なスキルを紹介したいと思いますが、日本のイノベーション「ロケット」が発射台から飛び立つ前に、その速度を落とさせる可能性のある要因をまず知る必要があります。この本を読む際にはこれを覚えておいてください。エネルギーを最適化しなければ、どんなに他のことを一生懸命やっても意味がありません。したがって、摩擦や抵抗の原因を特定しましょう。

あらゆる行動は、①「深い自己認識の力」と、②「無意識の恐怖と、その恐怖を認識して処理する能力の欠如による抵抗」との絶え間ない戦いです。これは少し単純化したものですが、人々は良いエネルギー状態か、悪いエネルギー状態のいずれかにある傾向があります。私たちは幸せで、開かれていて、楽観的であるか、または落ち込んでいて、陰鬱で、不機嫌です。もちろん私たちは皆いつも良いエネルギー状態でいたいと思っています。ではどうすればその状態にもっと頻繁に入ることができるでしょうか？　良いエネルギーは、意識して目的を持って働き、オープンにコミュニケーションを取り、全員が明確に同じ目標に向かうことによって生まれます。これらすべてが、スタートアップが顧客を喜ばせる体験を迅速に開発し、提供することを可能にする信頼の基盤となります。この「状態」であるためには、知性と感情の両方の知能を十分に活用することが必要です。頭、心、そして直感による総合的な知恵です。

良いエネルギー状態から外れるとき、それは主に頭が意思決定を支配している時です。特に好ましくない状況や理解できない状況に直面したときにそうなります。頭が支配するだけでなく、その中で最も古く、原始的な部分が主導権を握ります。「集団から追い出されたら死んでしまう！」と声をあげる部分です。

これは爬虫類も含むすべての動物の脳の一部である扁桃体と呼ばれるものです。ナッツくらいの大きさしかない扁桃体は、数億年前に進化し、現在もあまり変わっていません。その役割はただ1つ、自分の命を守ることです。不安や恐怖を感じることによって身を守ろうとします。進化の過程で、私たちは「脅威」に対して、逃げるか戦うかの2つの反応をするようになりました。一般的に「闘争・逃走反応」として知られているこの反応は、野生動物にもよく見られます。扁桃体は現代社会で生活する上ではあまり関係のないものになってきていますが、今でも脳の中で非常に活発な部位です。扁桃体にとってはすべてが脅威に映るため、扁桃体に支配されてしまうと、人生で最もワクワクする機会から自分を遠ざけてしまうことにもつながります。

恐怖や扁桃体の話題が出るたびに、私は2018年のアカデミー賞受賞ドキュメンタリー『フリーソロ』のシーンを思い出します。映画では、アレックス・オノルドがヨセミテ国立公園の900メートルの絶壁エル・キャピタンをロープや安全用具なしで登ります。作品の途中で「一体なぜ彼はそんなことをしたいと思うのか?」という誰もが抱くであろう疑問を解消しようと、医師が彼に恐怖や危険を感じる画像を繰り返し見せながら、MRI検査を行いました。その結果、彼の扁桃体は何の反応も示しませんでした。彼の脳では危険を察知するプログラムが平均的な人の脳機能に比べると著しく低かったのです。彼は綿密なリスク回避と備えによって「健全な恐怖」のバランスをうまく取っているようです（映画の中でエル・キャピタンの岩壁をどう思うかと聞かれた時に、一言「怖い」とは答えていますが）。

これこそが成功するスタートアップのモデルでもあります。未知のことは怖いものですが、システマチックなアプローチと世界のトップレベルのチームがあれば、前に進み、一歩一歩問題を解決し、恐怖に足を引っ張られることもありません。恐れの気持ちを尊重しつつ、それをうまく力に変えるのです。最終的にオノルドは成功しました。「怖い」エル・キャピタンを登り切ったのです。この成功はスタートアップの用語でいうところの「ユニコーン」のような大ごとなのでしょうか。ニューヨークタイムズ紙は「史上類を見ない素晴らしいスポーツの偉業」と称えました[1]。

「恐れ」に打ち勝つフレームワーク「ＳＣＡＲＦモデル」

これらの精神的プロセスをさらに理解するために、オーストラリアの行動主義者デイビッド・ロックは扁桃体がいかにして「恐れ」を引き起こすかを示すフレームワークを開発しました。その原則は、10万年前に私たちが安全と生存を確保するための5つの要因を進化させ、それが子孫を残すために私たちを長生きさせたというものです。この要因は、現代の発展した世界では、人々の脆弱なエゴを脅かす以外にはほとんど意味をなさないのですが、扁桃体の形も機能もバージョンアップされていないので、今でもすべての瞬間に私たちの恐れを引き起こす役割を果たしています。このフレームワークは、5つの要因「ステータス（Status）」「確実性（Certainty）」「自律性（Autonomy）」「つながり（Relatedness）」「公平性（Fairness）」の頭文字をとってＳＣＡＲＦモデルと呼ばれています。

SCARFモデル

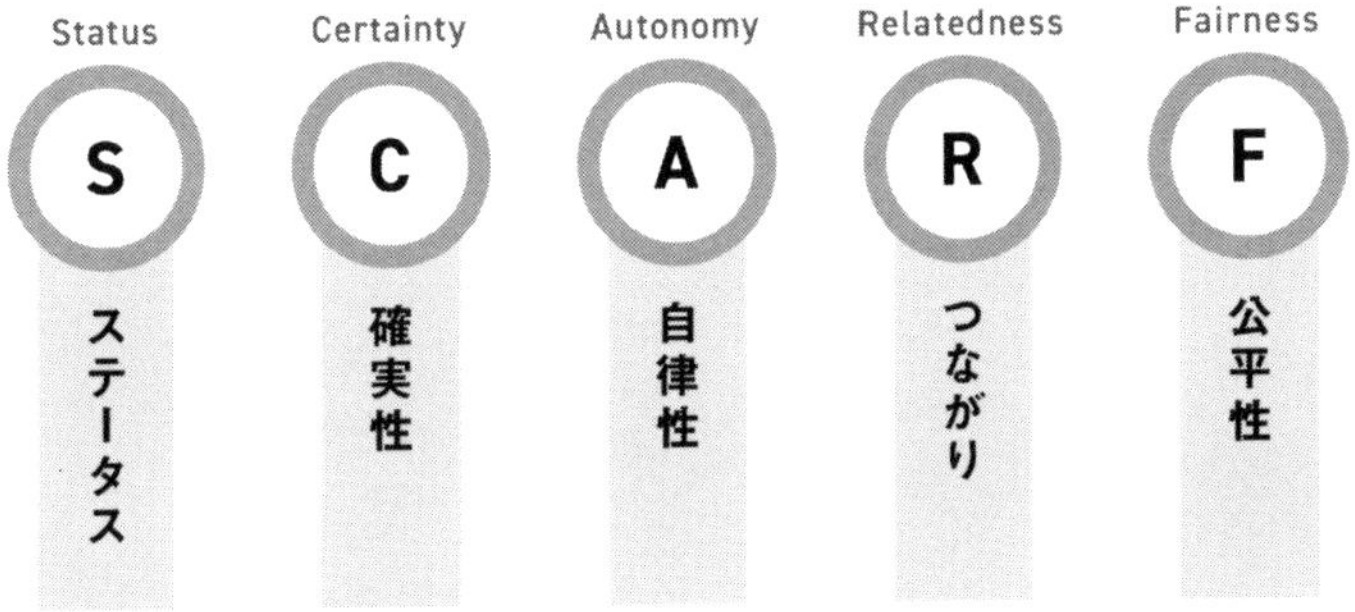

The Enneagram Institute "How the Enneagram System Works"
(https://www.enneagraminstitute.com/how-the-enneagram-system-works/, 2024年8月8日最終閲覧）をもとに日本語版を作成

原始時代の世界では、この5つの要因のいずれかが脅かされると、生存の可能性が減ってしまいました。これら5つにはすべての人が反応しますが、人それぞれパターンや重みが異なります。自分のSCARFのパターンを知ることで、他の人との合意形成や関係づくりに役立てることができます。例えば、もしあなたが何よりも「公平」を重んじていることをあなたの同僚が知っていれば、彼らはあなたと話をする際には、協力することの重要性を強調し、共有の利益を積極的に拡大することの経済的価値について議論を促すでしょう。そしてあなたの同僚はそれに同意することもできますし、または内部政治によって利益が成長しない点を強調し、あなたと

対立する立場を取るかもしれません。自分自身を知り、それを他の人に明確に伝えることで、全員がより良い選択をすることができるようになります。

「自律性」を重視する人には実験を許容し、自分で決める裁量を与えることが重要になります。私は「確実性」を重視するので、同僚、友人、家族には良いことも悪いこともできるだけ何でも共有してもらえるように、はっきりと求めるようにしています。「知らない」ということは、私にとっては生き地獄なのです。しかし、すべての人の脳は異なって働き、ミシガン大学の心理学教授の北山忍先生がその広範な研究で示したように、なぜ一部の人々がリスクを取る一方で他の人々が安全を求めるのかについては、脳の化学物質レベルの因果関係があります。

これらの恐怖に関する概念のいくつかは、混乱を招きやすく、時には矛盾しているようにも思えるかもしれませんが、1つだけ確かなことがあります。それは、恐怖は敬意を持って対処すべきものだということです。恐怖は手ごわい敵です。恐怖は、イノベーションの問題を解決しようとする際に、誰の判断力でも曇らせてしまう力を持っています。恐怖は脆弱性を奪い、正直さを奪い、信頼を奪います。だからこそ、イノベーターにとって最大の課題は明確です。恐怖を克服することです。そうしなければならないのは、彼らの世界ではすべてがより速く動き、驚きがより大きく、そしてしばしば恐ろしいものだからです。それに加えて、専門家たちでさえ、何が次に起こるのかを一週間先も予測できないのです。不確実性は酸素やフーディーのようにどこにでも存在しています。

この時に恐ろしく感じられる世界に対する私たちの反射的な反応は、感情を「コントロール」しようとすることです。それを隠したり、押し込めようとします。しかし、自己認識や脆弱性がどれほど重要であるかを理解した今、それがいかに悪い戦略であるかは明らかです。実際に、恐怖や怒り、悲しみといった不快な感情が時折湧き上がってくるとき、その感情を認識し、感じることを自分に許してほしいのです。それらの感情を十分に感じ取ってください。

練習と勉強を重ねれば、その感情を体内を通り抜けて外に出すためのエクササイズを開発することもできるようになります。仏教の僧侶であり、多くの著書を持つティク・ナット・ハン（Thich Nhat Hanh）は『怖れ　心の嵐を乗り越える方法』（徳間書店）の中で、恐怖を克服するためのいくつかの方法を紹介しています。まずは恐怖を感じていることを認め、体全体で受け入れ、呼吸を通じて感じます。そして、恐怖の感覚が薄れ、消えるまでそれを繰り返すのです。

最高のイノベーターになるには、過去の工業社会の人々とは異なる思考をしなければなりません。その思考は、深い自己認識、揺るぎない価値観、深い信頼に基づくつながり、変化に向き合う柔軟性から生まれるものです。現代は工業社会のような秩序ある予測可能な世界ではないのです。だからこそ、新しいあり方、つまり行動を重視するあり方が重要です。その行動は感情から生まれてくるものです。

しかし、すべての感情が同じ川を流れていることを念頭に置いてください。恐れ、怒り、悲しみを押さえつけたり、せき止めたりすると、心からの喜びや興奮も感じることができなくなってしまいます。工業社会では、「一切何も感じない」ことが求められていました。決められた時間で、一定の品質の仕事をこなし、次の日はそれよりももう少しうまくやるように教えられました。

もしもあなたが真のイノベーターであるのなら、すべての瞬間、時間、毎日「感じること」を選択する人生になります。終わりなき実験の世界に入るなら、何ごとも不思議に思い、無限の可能性を受け入れ、最終的には楽しむことを学ばなければなりません。実験には驚きがつきものですが、その多くは残念な結果になるので、何かを「感じること」以外にできることが無いのです。イノベーションの世界で最も多くの人が感じるのは「恐れ」です。しかし、いったんイノベーションの法則や行動のあり方を理解してしまえば、何も恐れることはなくなるのです。

大きな挑戦に取り組む際に、エネルギーレベルを最も低下させるのは恐れ（または悲しみや怒り）だと思うかもしれません。しかし、そうではありません。それは、こういった感情を特定し、健康的な方法で体内を通過させる能力が欠けていることです。それができれば再び驚きの状態に戻ることができます。

イノベーション分野の友人や同僚たちに対する私の持論はこうです。彼らは恐れを感じはするが、その度合いは多くの人よりも低いのです。変化を起こしたいという意欲は平均を遥かに上回っており、彼らにとって「恐れ」とは鋭い質問を投げかけたり、思慮深く計画し、実行に移すためのツールに過ぎません。むしろ恐怖心がなければすぐに失敗してしまうでしょう（クライマーにとっては「死」にもつながります）。

恐怖と友達になるのが一番の方法です。なぜなら、恐怖はどこにも行かないからです。もし、絶対に追い出せないルームメイトがいたら、できるだけ仲良くするように努力するのが理にかなっていると思いませんか？　それか、彼らにあなたを狂わせることを許すかのどちらかです。なぜ負ける戦いにエネルギーを使い続けることを選ぶのでしょうか？

幸福を自ら台無しにする「アッパーリミット問題」——スタンフォードで最も反響を得た話

私たちが恐怖を認識し、それがこのプロセスにおいて避けられない要素であることを受け入れたら、次にあなたのエネルギーを奪うもう1つの大きな要因に目を向ける時が来ます（少し変に聞こえるかもしれませんが、お付き合いください）。人は成功したとき、特にそれが突然だったとき、その幸福を自ら台無しにしてしまうという理論があります。例えば、スポーツで大きな契約を結んだ人やセールスの大型案件を受注した人が、それを祝うために酔っぱらってテンションが上がってしまい、危険な運転をしたりバーで喧嘩したりしてしまうことがあります。記念日で特別なディナーを楽しもうとしているカップルが、意味のない言い争いをしてしまう、あるいは、どちらかがその日に限って強烈な頭痛に襲われることもあります。

これは「アッパーリミット（上限）問題」といい、喜びが上限を超えて大きすぎるときに、

アッパーリミット問題

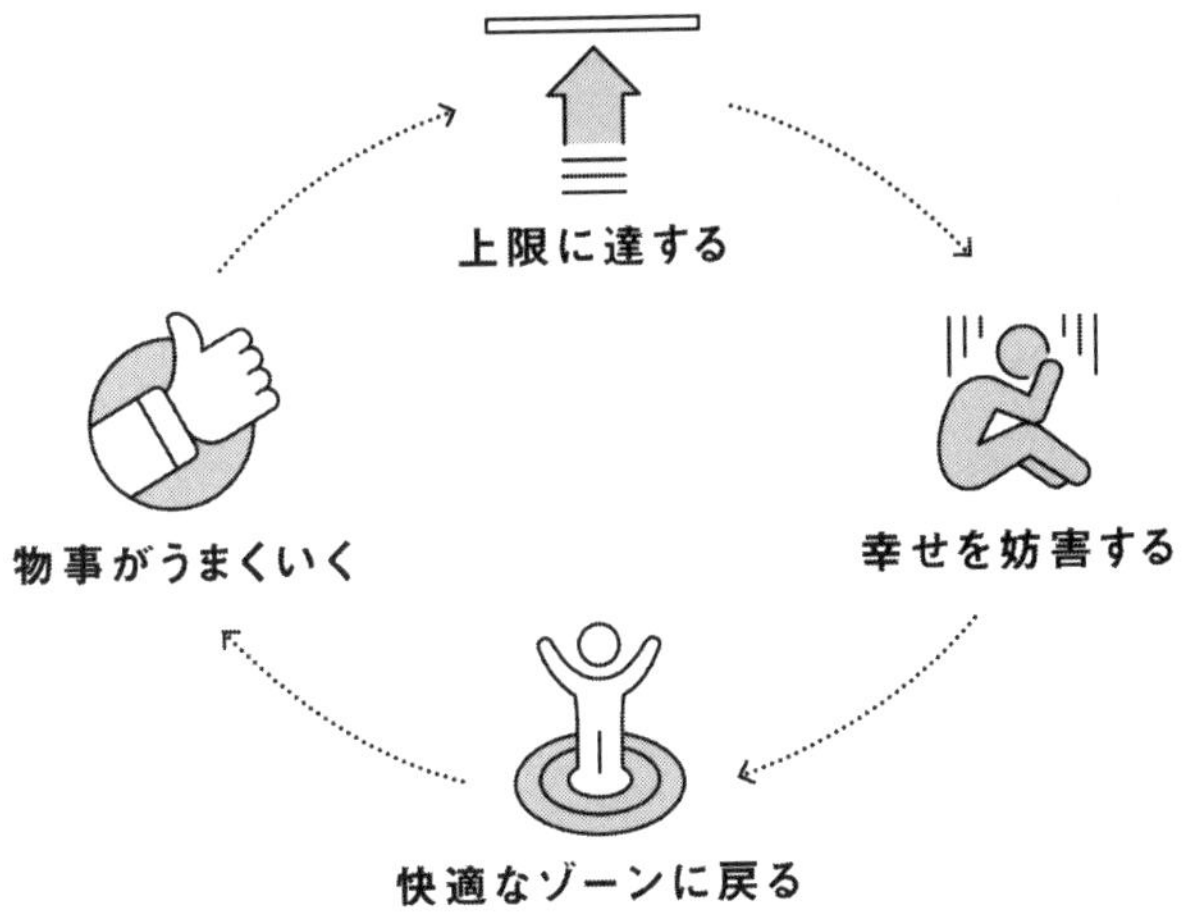

Sanne Milou "Do You Suffer from an Upper Limit Problem?" 24, February, 2024 (https://www.linkedin.com/pulse/do-you-suffer-from-upper-limit-problem-sanne-milou-cnlzf/, 2024年8月8日最終閲覧）をもとに日本語版を作成

脳がネガティブな思考を生み出すというものです。脳はそのことで私たちを守ろうとしているのです。変な話ですよね。

この理論は、著名な心理学者ゲイ・ヘンドリックス博士が提唱しました。この理論を理解すると、扁桃体がいかに不可思議な形で私たちを怖がらせているかがよくわかります。私がよく参考にする2009年のヘンドリックス氏の著書『The Big Leaps』(HarperOne)では、誰もが感じたことがあり、足枷となるいくつかの奇妙な反応や行動について説明しています。まず1つは「自分には欠点がありすぎてこの成功に値しないので、この成功は本物ではない」という脳からの警告です。または「いずれ失敗するからこの成功は長続きしない」というもの、あるいは「いつかきっと失敗するはずだから、失敗したときに深く傷つかないように、この幸福な気持ちに執着してはだめだ」というものです。

私たちは皆、失敗の苦い味と、それに伴う残留効果、すなわち不安や「次の悪いことが起こるのではないか」という疑念を抱く自己意識をよく知っています。ですから、これは完全に常軌を逸した考えではありません。まず、誰にでも欠点はあるので、あなたにももちろん欠点があるはずです。私たちは皆、ほとんどのことに対して平凡な能力しか持ち合わせていません。だからこそ、ツールを使って天性の才能や目的意識を見つけることがとても重要なのです。自分の適性を生かし、そこに集中するように人生をデザインできれば、統計で見ると、あなたが成功する可能性は高まり、場合によっては大成功することもありうるのです。しかし、そのためには自分の天性の才能と情熱を信じることが大切です。現在では、これらの抑制的な感情や気持ちを無視したり押し込めたりすることは無益であり、むしろ有害であることがわかっています。私たちにできる最善のことは、それらを観察し、理解することです。

最も影響が強く、理解して克服すべきなのは次のような感情です。「自分の仲間やふるさとを裏切っている」「自分の成功によって周囲に変化をもたらし、迷惑をかけている」「家族や仲間を出し抜いて目立ちすぎている」という気持ちです。この反応には、2つの根深く原始的な思考パターンが影響していることに注意が必要です。1つ目は、資源が限られ不足しているという希少性マインドセットです。2つ目に、集団から押し出され孤立すると死んでしまうという考えです。イノベーターであれば、この原始的な反応を理解しつつも、「人生には豊かさと想像力があり、本当に大事なものは有限ではない」「私の本当のイノベーター仲間はきっとどこかにいる。これから出会うのが楽しみだ」という考えを持ちます。

成功が引き起こす「恐れ」を認識する

さて、「恐れ」と「アッパーリミット」がエネルギーを奪い、自分の最良のバージョンを見つけるための潜在的な障害であることがわかったので、「恐れ」がどのように行動に影響を与えるかをまとめましょう。ある種のストレスや成功は、あなたの原始的な脳、つまり扁桃体に「逃げろ！」と指示させるのです。人生がうまくいかなくてＳＣＡＲＦが脅かされたときも、人生がうまくいきすぎてアッパーリミット問題にぶつかっても、同じメッセージを発するのです。「死んでしまう！」というのです。そうすると次に疑問に思うのは「それはなぜか」ということです。なぜ「人生がうまくいく」ことが、原始時代の私たちの脳にとって脅威となるのでしょうか。

古代の人類のゴールは、信頼できる強い部族にできるだけ深く身を投じることでした。ＳＣＡＲＦはその部族の中での自分の立場やその部族の存続自体が脅かされているときに知らせてくれるものでした。そしてアッパーリミットは、部族の「幸せの温度調整機能」の役割を果たしています。

現代の企業にも同じ温度調整機能があることがわかっています。本当に幸せな企業もありますが、不幸な企業もあります。温度調整機能の温度は多くの場合リーダーが設定します。しかし、イノベーションでは「目的意識」や「天性の才能」が重視されており、これらは喜びや幸せを感じる状態を意味します。スタートアップの最も重要な成功要因は幸福度であると考えられており、組織の幸福度を測定し、改善することを事業とする企業も誕生しています。２０１８年にリンクトイン（LinkedIn）は、幸福度を測定するソフトウェアを提供するグリント（Glint）を4億ドルで買収しています。

ヘンドリックス氏によると、すべての人に幸せの上限が設定されていますが、その上限が決まるのには主に子どもの頃の家庭環境の影響があるそうです。それにより調子が良すぎるときには、自分が「なじめる」ように無意識に自分を貶めるような行動を選択してしまうのです。自分を貶める行動には、たばこやアルコールなどその瞬間は何も感じなくても、長期的には体を蝕むような有害なものの乱用、体の痛みや頭痛、無気力、常に言い争いをする、親切心の歪曲、約束を破るなどといったものがあります。

アッパーリミット問題は、成功することが稀な厳しい競争環境で、従業員、パートナー、そして特に顧客の喜びも制限してしまうことがあるので、リーダーが意識していないと、企業の成功にとって大きな制約となる可能性があります。誰しも、幸せ、あるいは不幸せな組織、チーム、学校のクラスで、たくさんの経験をしてきたと思います。その中で喜びのエネルギーを与えてくれた環境に強く惹かれるかどうか、ぜひ自分自身に問いかけてみてください。それがあなたの幸せの上限を理解する助けになるでしょう。もし、自分はイノベーターだと自任しているにも関わらず、あまり幸せでない環境に惹かれるのなら、まだ努力が必要ということです。

私は幸せの上限を上げるために、自分が変えたいと思う習慣を振り返ります。その習慣の中で「アッパーリミット問題」がいつどのようなパターンで表れているかを確認します。

私がよく上限を設定してしまうパターンでは、成功する寸前にその成功を避けてしまい、自分から身を引いてしまうというものです。私は、そういうときに立ち止まり、リスクを確認するとよいことを学びました。失敗する可能性の高い、限られた機会と環境がないかを確認します。すると、実際はほぼ失敗することは無いことがわかります。また、自分の天性の才能と目的意識を信じ切れているかどうかを確認する必要があります。もしいずれかに疑念がある場合には、再度検討し、自己発見し直す必要があります。天性の才能と目的意識こそが不確実性を乗り切るための道しるべとなるのです。

私たちのほとんどは、幸せな瞬間に恐怖を感じないように、いかに自分の幸せを引き下げていることが多いか気がついていません。それが奇妙な考えだからこそ、なおさら気づかないのです。しかし、「成功」が恐れを引き起こすことを認識し、それにうまく対処できるようになることは、高いレベルの競争力を得るための鍵となります。さもなくば無意識のうちに自分自身を殺してしまうことになるのです。

1 Daniel Duane, *El Capitan, My El Capitan,* The New York Times, June 9, 2017, https://www.nytimes.com/2017/06/09/opinion/el-capitan-my-el-capitan.html（２０２４年８月８日最終閲覧）

第 7 章

自分の「天才」と「使命」に賭ける

「天才のゾーン」を特定する

これまでの成長のマインドセットに関する議論の中で、私たちは自己の発見と信念の世界に足を踏み入れました。その世界にもう少し深く踏み込んでみましょう。あなた自身が未来に向かって飛び立つロケットだと想像してみてください。このロケットエンジンは推進力を生み出します。同時に、あなたの速度を落とす摩擦や抵抗も生み出します（ＳＣＡＲＦとアッパーリミット問題を覚えていますか？）。また、適切に設計されれば、速度と精密な操縦を最大化するシャーシも備えています。

では、「イノベーターであるあなた」というロケットを組み立ててみましょう。ロケットがロケットになるには、飛行させるエンジンが必要です。起業家としてのあなたは、このエンジンのエンジニアです。あなたの設計目標は推進力を最大化することと持続可能性です。このエンジンは素晴らしい推進力を持ち、スタートアップの典型的な10年の旅の間、その力を維持する必要があります。

このロケットに必要な推進力や動力は、あなたのエネルギーレベルです。そのエネルギーを最大化するには、あなたが最高の状態にあり、自分がしていることに最も情熱を注いでいる必要があります。私はこれを、「天才」（あなたが最も得意とすること）と「使命」（あなたを動かすもの、モチベーションを与えるもの）の交差点と呼んでいます。

まず「天才」という言葉が何を意味するのか説明しましょう。ここでの天才とは、従来の意味での高いＩＱを意味するのではなく、少なくとも1つ、あなたが最も得意とし、地球上の誰にも劣らないと感じるものを指します。つまり、あなたが唯一無二の資格を持ち、並々ならぬ情熱を抱く仕事が存在するということです。ここでの課題は、ほとんどの人が自分の特別な天性の才能を知らず、それを見つけるには掘り下げる必要があるということです。自分独自の天才を発見するためには、次の2つの概念が参考になります。

【天才のゾーン】素晴らしい結果が容易に得られる状態です。これが個人の成長の旅の出発点です。

【フロー状態】あなたに非常に適したチャレンジにおいて、それに取り組んでいる間、時間と空間の感覚を失うような状況です。

まず、天才のゾーンについて議論しましょう。これは、ゲイ・ヘンドリックスが2021年の著書『The Genius Zone』（St. Martin's Essentials）で紹介した概念です。前章で紹介したヘンドリックス博士は、心理学者であり、教師であり、スタンフォード大学の卒業生です。人間行動に関する35冊以上の著書を執筆しています。前章では、読者の皆さんに防御シールドを下げ、本当の自分を出すよう勧めました。本当の自分を出すことで、最も深いレベルの信頼で素晴らしい技能と知性を持つ人々とつながることができます。そのためには個人の成長と自覚が必要です。そしてそれを実践するのに、自分の「天才」を特定する以上に良い方法はありません。そしてそれを見つけたら、鍵となるのは天才を強化し、できる限りその状態を維持する方法を学ぶことです。ヘンドリックス博士は、天才を特定するために、あなたの時間効率と才能が交わるところを探すように勧めています。

彼の著書では、人間は①無能、②人並み、③優秀、④天才の4つのレベルで動作すると説明しています。最悪から最良の順に挙げてみましょう。

「天才」は最も望ましい状態です。最も楽しく、最も生産的で、多くの面で最も働きやすい状態です。それは自然に身についていることをしているからです。これは直感に反するように思えるかもしれません。「無能」な領域に関しては、そもそも努力する必要もないと思うかもしれませんが、そうではありません。最初の2つのレベル「無能」と「人並み」

4つのゾーン

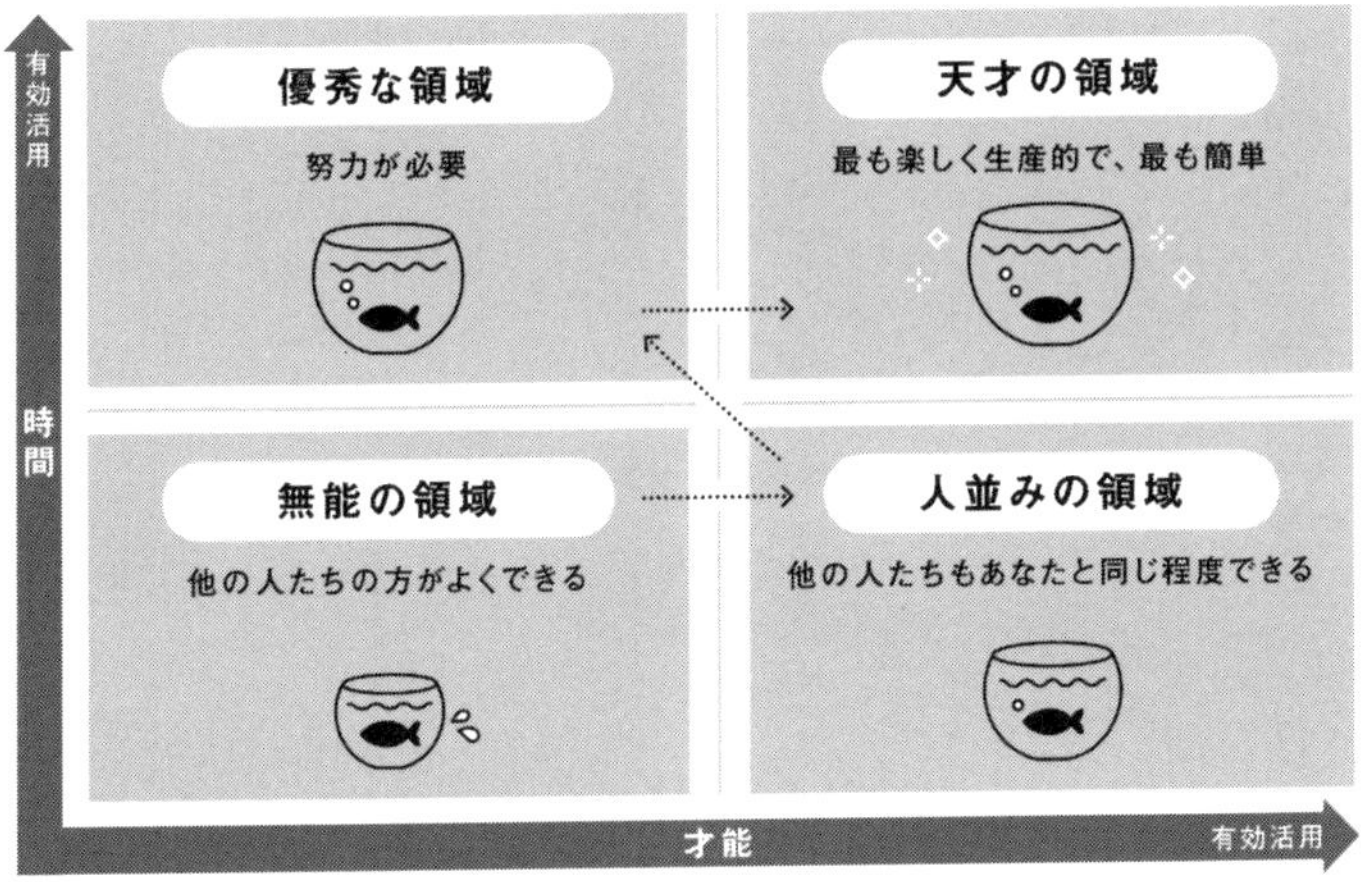

Gay Hendricks, *The Big Leap* (HarperCollins Publishers, 2009), p.29, 31, 33, 34
*Anaikによる英語版のインフォグラフィックを日本語版として大幅に改変

で活動するには労力が必要です。自分が知らないことやしたくないことについてたくさん考えなくてはならないからです。そして「優秀」に到達するには、最も多くのエネルギーを使います。なぜなら、はじめから得意というわけではないことを上手に行うためには懸命に努力しなければならないからです。ピアノを弾くこと、微積分を解くこと、パンを焼くことなど、自分が何において「優秀」であるかは自分でわかります。またそれが難しいことも、骨の折れることも、おそらく少し退屈であることもわかります。

天才のゾーンに入るのは、より捉えどころのないプロセスです。なぜなら単に「懸命に取り組む」だけでは十分ではないからです。強制したり、意志の力で達成したりすることはできません。特定の状況での、あなたの特性とスキルの適切な組み合わせが必要です。そのゾーンにいるときは良い結果が自然と生まれるので、自分が何を成し遂げたのかも、そして創造性と生産性が指数関数的に高まっていることにも気づかないかもしれません。ヘンドリックス博士の研究によると、「天才のゾーン」で機能することは「優秀のゾーン」にいるよりも、パフォーマンスに100倍の影響力があるそうです。

しかし「優秀」から「天才」へ移行するのは非常に難しいことです。食事、睡眠、運動によってエネルギーレベルを向上させることはできますが、真のイノベーターとして毎日、絶え間なく未来を発明することを目指すなら、最大のエネルギーを発揮し、ピークレベルのパフォーマンスを発揮しなければいけません。私は多くの学生、メンティー、若い同僚、起業家との仕事を重ねる中で、アドバイスを次のように簡素化してきました。

エネルギーレベルに注意を払ってください。まるで電気ソケットに差し込まれているかのように、エネルギーが急上昇していると感じたとき、それは天才のゾーンに入っていることを知る合図です。天性の才能はエネルギーを生み出します。

残念ながら、ほとんどの人は優秀さを目指し、それで満足します。「優秀のゾーン」は産業的成功の本質です。例えば、段階的な製品改良、精密製造、効率的な物流、情熱的な顧客サービスといったものです。これらはＢＭＷやフォーシーズンズホテル、Ｐ＆Ｇなど、すべての偉大な産業ブランドの特徴です。

産業的成功においては日本ほど優秀さを追求し、達成してきた文化はありませんが、もしあなたの目標がイノベーションを起こすことならば、その産業的思考に留まり自分の天才性を無視することは、自己を「暗殺」するに等しいことです。つまり「優秀さ」で死ぬということです。優秀である自分に満足することで、イノベーターになるチャンスを殺すことになります。

では、自分の天才のゾーンをどのように見つければいいのでしょうか？　簡単な方法として、過去2〜3カ月のカレンダーを印刷し、すべてのアクティビティや会議を振り返ってみてください。赤、黄、緑のペンを使って、各イベントに印をつけます。その会議の記憶が疲労や怒りを感じさせるなら、赤い印をつけます。エネルギーの変化を覚えていない場合は、黄色い印をつけます。終わった後に電気が走るような感覚を覚えているアクティビティには、緑の印をつけます。「緑の印」のイベントは、あなたが天才のゾーンにいた瞬間を示しています。次のステップは、これらの「緑」の瞬間に焦点を当てることです。そこにはいくつかのパターンが見えるはずです。

どのような状況にいたか？

誰と一緒に仕事をしていたか？

どのようなスキルを使っていたか？

これについて深く掘り下げる必要はありません。この3つの質問から始めて、大まかな観察と考えをスケッチしてみてください。

「フロー状態」に突入する

天才を発見するためのもう1つの概念、「フロー状態」をご紹介します。これは「天才のゾーン」に似ています。「ポジティブ心理学」の父とされ、クレアモント大学院大学の教授であるミハイ・ロバート・チクセントミハイ（Mihaly Csikszentmihalyi）は、1990年に刊行された代表的な著書『フロー体験』（世界思想社）でこの現象を紹介しました。ここには、何かをしていて時計を見ると「この4時間はどこに消えたのだろう？」と思うような体験が描かれています。

フロー状態（または天才のゾーン）にいることはごく短時間の経験です。長くても数時間程度です。これは個人的な、あるいは専門的な状況のどちらにある時でも起こりますし、また1人の時にも、グループの時でも起こり得ます。難しいソフトウェアのコーディングの課題を解決すること、チームで新しい建物を設計すること、スポーツの練習をすること、大きなイベントを準備することなどが例として挙げられます。

自分がいつフロー状態にあったかを特定する方法の1つは、時間と空間の感覚を失った瞬間を振り返ることです。これは特に、一緒に時間を過ごすのが楽しい4～6人の、自己省察的で個人の成長に取り組んでいる人々と行うと有効です。

できるだけ多くの詳細を含めて、それらの記憶を書き留めてください。何をしていて、どこでそれをしていたのか？　そして、それらの記憶をグループで読み上げ、パターンが見えるかどうか尋ねてください。彼らはそれを見つけるでしょう。例えば、彼らはこう言うかもしれません。「会社中がパニックになるような危機が起きたとき、あなたはすぐに問題を見抜き、小さなチームを組織して解決することができる」と。そしてあなたの最初の反応はおそらくこうでしょう。「それは天才じゃない。誰にでもできることだ！」

しかし、彼らは言うでしょう。「いや！　私たちの知る限り、それができるのはあなただけで、あなたはそれが素晴らしくよくできるよ」と。私的な状況、スポーツ、学校など、

「フロー状態」のメンタルステート図

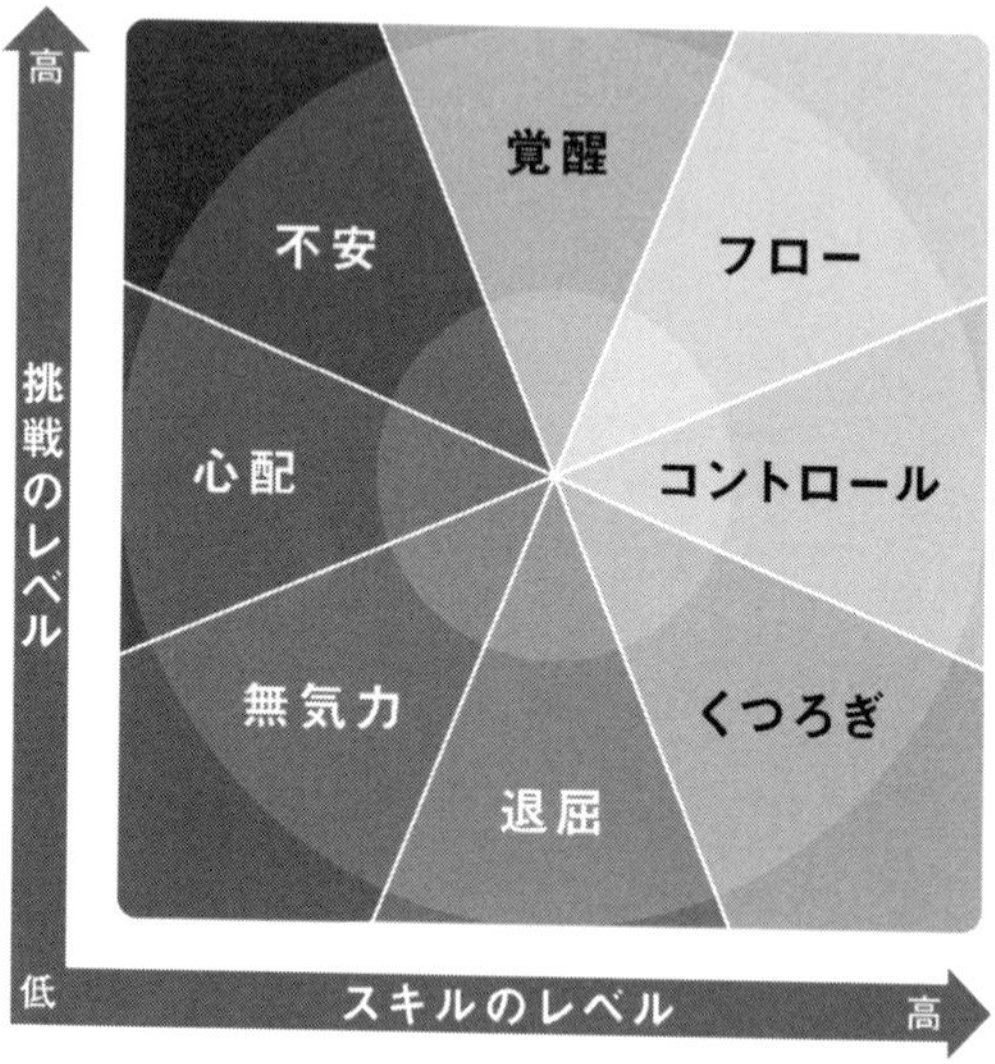

Mihaly Csikszentmihalyi, *Finding Flow* (Basic Books, 1997) をもとに日本語版を作成

他の状況を見ても、そのような動きが繰り返し現れるのを見るでしょう。そしてあなたはこう気づき始めるでしょう。「なるほど、私は複雑で構造化されていない、プレッシャーの高い状況が好きなんだな。問題の本質を見抜く特別な能力と、チームの人々の意識を問題解決に向けて集中させるための気質と、コミュニケーション能力を持っているみたいだ」と。

これらのパターンが浮かび上がり始めると、イノベーターとしてのより良い選択を助ける自分の「天才のゾーン」の基礎が見えてくるでしょう。また「天才のゾーン」と「フロー状態」がどのように統合されているかも見えてくるでしょう。あなたの特定のスキルと状況の組み合わせは、あなたのエネルギーと成功に深い影響を与えます。これは多くの成功したイノベーターが、たとえ自分では意識していなくても、最もよく使うアドバンテージです。

「天才のゾーン」と「フロー状態」を拡張することで、最高のエネルギー状態に入ることができるようになります。そしてその状態に留まる方法を学ぶことには、さらに本質的な利点があります。自分の「天才」を認識すれば、誰かの「イノベーション劇場」で与えられた役を演じたり、企業の暗殺者から自分を守る必要を感じなくなります。あなたは単に、自分が何者であるか揺るぎない信念を持って、防御シールドを必要とせずに、あらゆる状況に対応できるようになるでしょう。

そうすればするほど、同じように自分の天才を認識している他の真のイノベーターたちがあなたとつながるでしょう。このネットワークは大きくなくてもいいのです。それがエコシステムとなり、支援のためのネットワークとなって、あなたとあなたのアイデアを育てます。そのネットワーク、それらのつながりが、最高のアドバイスや人との出会いを生み出す場所となるでしょう。そしてその過程で、あなたもまた彼らにとって大事な仲間になります。なぜなら、あなたは自分だけの天才を彼らに提供できるからです。このエコシステム、これらのネットワークは、互いに育み合い、かつ自立的です。そのような人間関係の摩擦のない信頼が、イノベーターとしてのあなたの成功の基盤となるでしょう。

「天才」と「興奮」の交差点に「使命」がある

「天才」が才能と挑戦の交差する場所にあるなら、「使命」はあなたのその天性の才能によって生じる行動がもたらす興奮と喜びが交差するところにあると考えることができます。例えば、顕著な好奇心、共感力、視覚的思考力は医師としての優れた素質と言えます。卓越した視覚的な能力により化学や生物学で優れ、共感力で患者の痛みや恐れを感じ取り、好奇心により最も捉えどころのない医学的問題を見つけることを楽しむでしょう。これらの特性は医師に限らず、建築家や映画の脚本家の基礎にもなり得ることですが、何がその人を特定のキャリアに導くのでしょうか？　それはその人を最もエネルギッシュにする「使命」であるかどうかです。医師にとっては患者を癒やすことこそが真の活力を与えるものであり、建築家は素晴らしい空間を作ることで人々の生活を改善したいと真に願います。そして脚本家は物語を通して人々を鼓舞し、感動させたいと思います。

偉大なイノベーターは、彼らが最も得意とすることと最も興味があることの交差点を見出しています。これは紙の上では単純な概念ですが、実際に実現するのは非常に難しいです。自分のしていることを愛していても凡庸なアーティストはたくさんいますし、仕事を嫌っている素晴らしい弁護士もいます。トップのイノベーターの間でよくある話は「もうあの仕事を続けられなかった。違いを生み出せていなかったから……」というものや「自分の人生をどれほど嫌っていたかを忘れるために毎晩酔っ払っていた」というものです。


この章の冒頭で、イノベーターであるあなたを宇宙に向けて発射準備をするロケットに例え、あなたの推進力の源について話しました。「天才のゾーン」と「使命」です。これらは、喜び、興奮、創造性が高まった状態であり、あなたは自らを鍛えることでこの状態に到達することができます。

私たちはまた、抵抗力についても話しました。SCARFとアッパーリミット問題、また無意識の「恐怖」による自己破壊的な状態で、これらは脳の最も原始的な部分である扁桃体によって引き起こされます。しかし、あなたの天才や使命と同様に、これらの恐怖を認識し、より生産的に飼い慣らすよう自分を訓練することができます。前章で学んだように、これによってあなたのエネルギー、創造性、さらにはスタートアップへの抵抗を最小限に抑えることができます。

「イノベーションロケット」を打ち上げる最後のステップは、そのエンジンを点火することです。あなたの最大の天才が最も深い喜びと出会う場所を知り、それがあなたをどこに導くかを見ましょう。

これは興奮する体験になり得ると同時に、少し怖く感じるかもしれません。なぜなら、今日のあなた（そして他の人々）が考えているあなた自身を手放すことを意味するからです。

それを体現したような人が日本にいます。出雲充氏は、大学卒業後すぐに東京三菱銀行（当時）に入行しましたが、学生時代にバングラデシュのグラミン銀行でのインターンシップで目の当たりにした、貧困問題と栄養失調の解決への思いを捨てきれませんでした。そして銀行員の仕事では自分の生物学に関するユニークな天才を発揮する機会がないことに気づき、安定した仕事を辞めてユーグレナを設立しました。この会社は、健康ドリンクからよりクリーンなジェット燃料まで、あらゆるものに使用されるミドリムシを培養しています。同社は2012年12月に東京証券取引所に上場しました。私は彼に、もし成功していなかったらどう感じただろうかと尋ねました。彼はこう言いました。「気にしませんでした。私の人生はとても楽しいですから」

ここにイノベーターの本質があります。ユーグレナのようなプロジェクトは、未来を構築する大胆な実験です。出雲氏がコントロールできたのは、実験のデザインと、プロジェクトに注ぎ込んだ自身のエネルギー、自分の天才と使命でした。そしてそれで十分だったのです。彼はロケットに火を点けました。そこに彼とすべてのイノベーターにとっての成功の本質があります。結果ではなく、その乗り物と冒険が重要です。結果は毎回驚きに満ちているでしょうから、それがあなたをどこに連れて行こうと、その過程を楽しんでください。

本当の自分と偽りの自分を知る性格診断「エニアグラム」

自分のロケットをうまく導くためには、自分自身と、自分のモチベーション、恐れ、長所と短所を熟知する必要があります。それらを探るために、私は「エニアグラム」と呼ばれるフレームワークを使用します。これは人間の性格を9つの異なるタイプで考えるものです。このモデルの起源は不明ですが、専門家の中には３００年前のローマ領エジプトにまでさかのぼり、その後ユダヤ教、キリスト教、スーフィズムの影響を受けたとする人もいます。また、ラテンアメリカの現代哲学者によって再解釈され、最近では米国の原理主義的キリスト教徒によっても解釈されています。しかしエニアグラムは決して宗教的なものではありません。これは基本的な行動心理学です。過去10年以上にわたり、私はエニアグラムモデルに基づくコーチングを行うコンシャス・リーダーシップ・グループの共同創設者、ダイアナ・チャップマン氏によってこの原理を指導してもらう幸運に恵まれました。

このモデルでは、私たち１人ひとりに３つの状態または性格タイプがあるとされています。１つ目は、最もポジティブなエネルギー状態の時に現れる「真のタイプ」です。２つ目は、恐怖や不安の無意識状態で現れる最もネガティブな「破壊的タイプ」です。３つ目は、自分ではないものを装う「防御的タイプ」です。この状態は通常、自分はある特定の職業に就くべきだ、ということや、自分はこのような性格であるべきだ、という自分自身へのプレッシャーから生じます。例えば「医者や科学者でなければ人々は私を尊敬しないだろう（本当は歴史の教師になりたいのに）」、または「すべての社交イベントに参加しなければ人々は私を好きにならないだろう（本を読む１人の時間が欲しいのに）」といったものです。防

エニアグラム 9つの性格タイプ

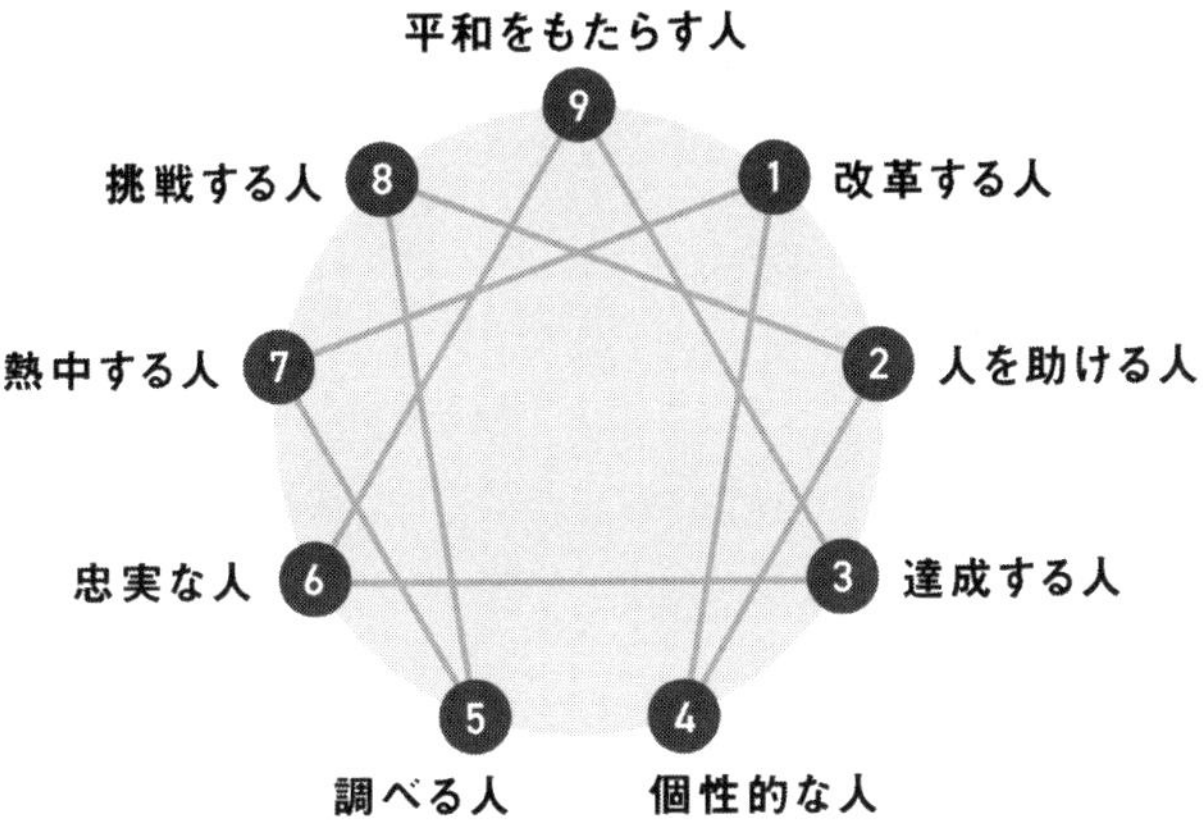

The Enneagram Institute "How the Enneagram System Works"
(https://www.enneagraminstitute.com/how-the-enneagram-system-works/, 2024年8月8日最終閲覧）をもとに日本語版を作成

御的タイプ（偽りの自己）をあなたに強いる最も強い声は、家族、友人、そして多くの国では社会そのものです。

残念ながら、私たちのほとんどはほぼすべての時間をこの自分を「装った」状態で過ごし、ごく稀にポジティブな状態、つまり真のタイプになることができます。そして偽りの状態を抜け出すのは、たいてい恐怖に対して適切に対応できずネガティブな状態に向かうときです。

例えば私はタイプ7で、これはしばしば「探検家」または「熱狂家」と呼ばれます。エニアグラム研究所のウェブサイトではこれを「忙しく、楽しむことが好きなタイプ／自発的、多才」と説明しています。これが私の「装い」の状態です。

私にとって最も望ましい状態はタイプ5で、「集中的、頭脳的なタイプ／洞察力があり、革新的」と定義されています。エニアグラムのフレームワークによれば、つまり「装い」の状態であるタイプ7の「忙しく、楽しむことが好きなタイプ／自発的、多才」ではなく、集中して創造的になっているときに私は天才のゾーンにいることになります。人生の選択や、自分が感じた恐れや喜びを振り返ってみると、これは真実だと感じます。多くのことをこなしているときは最高の状態ではありません。散漫になり、家族や同僚から信頼できないと不満を言われます。

私たち全員（すべてのエニアグラムタイプ）が頭の中に支配的で執拗な恐怖の声を持っており、それが私たちをポジティブなゾーン（私の場合はタイプ5）から防御的ゾーン（私の場合はタイプ7）へとシフトさせます。そして、「恐怖」が痛みを伴うレベルに達すると、最悪のタイプ1「完璧主義者」として振る舞うようになります。批判的、糾弾的になり、他人を軽視するようになり、これによって苦労して築いた信頼関係を大きく傷つける可能性があります。

言い換えれば、私は創造的であることに集中したいのですが、潜在意識的には自分を「守る」ために冒険的で多才な人物として振る舞っています（そう、私の扁桃体が再び叫んでいるのです）。では私は何から自分を守っているのでしょうか？　簡単に言えば「悲しみ」です。しかし究極的には「失敗」です。説明させてください。

タイプ7の支配的な恐怖は痛みを感じることであり、私にとって最悪の「痛み」の形は「悲しみ」です。集中して何かを作り出したい時、最悪なのは自分が取り組んだものや創造したものが失敗し、うまくいかないことを目の当たりにすることです。そのため少しずつ色々なことをして、潜在意識的にその挫折感を避けようとしています。20のことをしていて1つが失敗しても、気にしていないと自分に言い聞かせることができます（嘘をついているのですが）。私がタイプ5に偶然ドリフトするのは、信頼できる人々に囲まれているか、ある程度の匿名性がある、非常に安全な場所にいる時だけです。

恐怖のレベルを高めて批判や非難で攻撃することは私にとって非常に簡単です。この感情をコントロールする訓練をダイアナから受ける前は、私の脳内では恐怖こそが支配的な感情でした。ほとんどすべての人にとってそうであるように。

多くの人は9つのエニアグラムのカテゴリーのいずれかにきれいに当てはまります。すべての人間は恐怖を経験しますが、それは人によって異なる形で現れます。失敗への恐怖は私を批判的にさせるかもしれませんが、人によっては愛する人を失う恐怖によって支配的で脅迫的になるかもしれません。さらに、私の判断や批判が他の人を防衛的で不誠実にさせるかもしれません。そしてこれらの異なる糸が人間の相互作用を通じて織り合わさり、まるで私たちを結びつける生地のようになります。それぞれの特定の行動は次に示すよう

9つのエニアグラムタイプ

タイプ 1	**改革する人** 多才で創造的（タイプ7）でありたいが、邪悪または腐敗していると見られることを恐れ、完璧主義者になることで自分を守ります。
タイプ 2	**人を助ける人** 自己養育的で内省的（タイプ4）でありたいが、望まれていないと見られることを恐れ、常に誰かを助けることで自分を守ります。
タイプ 3	**達成する人** 他者をサポートし保護したい（タイプ6）が、価値がないことを恐れ、目的を達成することで自分を守ります。
タイプ 4	**個性的な人** 規則的で献身的（タイプ1）でありたいが、アイデンティティがないことを恐れ、芸術的に自己表現しすぎることで自分を守ります。
タイプ 5	**調べる人** 自信と決断力がある（タイプ8）でありたいが、無力であることを恐れ、深く内省的になることで自分を守ります。
タイプ 6	**忠実な人** リラックスして楽観的（タイプ9）でありたいが、支援されずに孤立することを恐れ、他者を保護することで自分を守ります。
タイプ 7	**熱中する人** 集中して創造的（タイプ5）でありたいが、悲しみを恐れ、コミットメントを避けることで自分を守ります。
タイプ 8	**挑戦する人** 支援的（タイプ2）でありたいが、傷つけられたり支配されたりすることを恐れ、自信と決断力を持つことで自分を守ります。
タイプ 9	**平和をもたらす人** 自己開発し目標達成したい（タイプ3）が、喪失と別離を恐れ、極端に譲歩的になることで自分を守ります。

著者提供資料およびThe Enneagram Institute "The Nine Enneagram Type Descriptions"（https://www.enneagraminstitute.com/type-descriptions/, 2024年8月8日最終閲覧）をもとに日本語版を作成

に、9つのエニアグラムタイプのいずれかに遡ることができます。

自分自身をさらに深く掘り下げたい人には、RHETIエニアグラム診断テストを受けることを強くお勧めします。これはオンラインのサイトで見つけることができます。ただ、テストを受けることは最初の一歩としてはいいのですが、完璧な答えは得られないことを忠告しておきます。9つの性格タイプと特徴的な行動や恐れを自分自身で振り返る必要があります。そしてこの演習と評価をもとに、どうすればより成功したイノベーターになれるか考察してみてください。このプロセスへの興味が高まるようであれば、プロのエニアグラムの専門家とインタビューを行い、より詳細なフィードバックを得ることも可能です。

成功したリーダーたちの人生の「デザイン」

イノベーションの世界で卓越するために、ヘンドリックス博士の「天才」の定義を振り返ってみましょう。これは日々のあらゆる状況で、どのように自分の能力を最大限に発揮すべきか、そしてスキルと特性をどのように最適に組み合わせるべきかを理解する助けとなります。この「天才」は特定し、磨くことができるものなので、大いに活かすべきです。イノベーターが自分の「天才のゾーン」を見つけられれば、その影響力と成功の可能性は100倍にも膨らむかもしれません。さらに良いことに、最も刺激的なイノベーションは、「天才のゾーン」で過ごす時間を最大化し、それを個人の使命感と結びつけたときに生まれるのです。

ダイアナ・チャップマン氏によれば、食事と睡眠以外の時間の50％を「天才のゾーン」で過ごすことは非常に難易度の高い目標であり、最高のイノベーターでさえ70％に達するのがやっとだそうです。自分の使命を見つけるということは、「天才ゾーン」にいるときの能力とエネルギーを、最も実現したい変化のために注ぐことを意味します。それは世界が最も必要としていることで、かつあなた自身が最も強く望んでいることです。スタートアップのアイデアに自分の天才と使命を融合させることで、知的能力（ＩＱ）と感情知性（ＥＱ）の両方を最大限に活かすことができるのです。

これまで私たちは、内なる自分を見つめ、自己理解と行動分析に多くの時間を費やしてきました。今度は外の世界に目を向けてみましょう。自分自身をデザインしたら、次はあなたのロケットの行き先を定め、ポジティブな変化をもたらすための道筋をデザインする番です。

Sozo Venturesの最も刺激的な投資先の1つであるニード（Need）は、2人の優秀な腫瘍学者によって共同設立されました。彼らの目標は、地域の資源の制限に関係なく、世界中のすべての人々に世界クラスのがん診断と治療を提供することです。彼らはヘルスケアのビジネスモデルに精通した投資家たちに支えられています。ニードのがん治療とビジネスモデルは世界最高水準です。しかし会社の原動力となっているのは、がん患者の生活を改善し、寿命を延ばしたいという深い使命感です（そのため、会社名が「Need」なのです）。このような天才と使命感の融合はイノベーションにとって不可欠です。刺激的な未来を創造するのに近道はないからです。

あなたの使命を発見するために、ダイアナ・チャップマンは次のような方法を提案しています。まず、最も自分の強みとなりそうな特性を15～20個ほど思いつくままに挙げてください。フィルターをかけたり、検閲したり、深く考えたりせずに、素早く書き出すのです（インターネットには人間の特性のリストが数多くあります。検索してみるのもいいでしょう）。

リストができたら、その中から自分が最も優れていると思う5つを選びます。これは先ほどの「天才」の演習と重なる部分もあるでしょうが、なるべく新鮮な気持ちで取り組んでみてください。次に、それらの特性が現実にどのように現れるかを考えてみましょう。例えば、あなたの情熱は他人を鼓舞するでしょうか、それともあなた自身だけを奮い立たせるでしょうか。あなたの粘り強さは、難しい問題をどのように解決することにつながるのでしょうか。これらの答えを、短く具体的な文章で書き出してみてください。

最後に、世界にもたらしたい最も重要な変化について考えてみましょう。それは、より良い教育かもしれませんし、より優れた医療、より魅力的なエンターテイメント、あるいは戦争の終結かもしれません。あなたが世界に最も必要だと感じることは何でも構いません。

次のステップでは、これらの演習をまとめて、自分の使命を明らかにしてみましょう。

天才と使命を結びつけることは、少なくとも2つの面で有益です。まず、あなたに与えられる機会を選別する際のフィルターになります。仕事のオファーを受けたり、クラブに参加するように誘われたり、友人との旅行に誘われたりするかもしれません。もしあなたが自分の人生を最適なエネルギーで満たすようデザインしているなら、その誘いを断ることができるでしょう。あまりにも予測可能だから、関わる人が多すぎるから、あるいは気候変動の解決に役立たないから、など色々な理由があるでしょう。自分の使命を知ることで、不適切な選択によってエネルギーを無駄にすることを避けやすくなります。

単にエネルギーの無駄遣いを避けるだけでなく、さらなるエネルギーを生み出したい場合、今見てきたような発見を活かして人生のあらゆる側面をデザインすることが可能です。住む場所、時間の使い方、一緒に過ごす人々、そしてそれらの人々との大切な約束事などです。達成は困難ですが、現実的な目標として、睡眠と食事以外の時間の70％以上を、充実感と生産性を持って自分の天才と使命を活用することに充てることが良いでしょう。チャップマン氏の研究によると、最も成功したスタートアップのリーダーたちは、自分たちの人生全体を「デザイン」することができているそうです。これは私たちがスタンフォードで教えていることでもあります。人生のあらゆる側面、人間関係、文化、組織をより深く理解することができるのです。そしてそれができれば、自分のロケットを思い通りの方向に操縦し、望む場所まで到達することが可能になります。

ここで、「それは素晴らしく聞こえるけれど、従順さと『優秀』であることを重視する日本のような国で、それは可能なのだろうか？」と疑問に思う人もいるでしょう。答えは「可能です」。私は最近数年間、主に政府関係者による「日本人は変わらなければならない……」といった発言に苛立っていました。何度も言ってきましたし、ここでも繰り返しますが、いいえ、変わる必要はないのです。

それを実現する方法は、ごく少数の正しいマインドセットを持つイノベーターから始めることです。彼らは過去の成功を繰り返すことへの不安ではなく、未来に対して冒険的な見方を持っています。このような人々は日本の人口の（そして世界中のどの集団においても）、ほんの一握りです。彼らは日本のビジネス界で自分のイノベーションを表現する方法を見出せず、多くはシリコンバレーに移り、そこで成功を収めています。

彼らは、未来は広く開かれており、過去に通用した答えに縛られるのではなく、新たな問いかけによって形作る必要があることを理解しています。未来への競争は革新的なアイデアだけでは勝ち抜けないことを知っています。なぜなら、そうした新しいアイデアは拒絶されるか、急速に進化してしまうからです。しかし大規模に開かれたエコシステムにおける専門家のカルチャーがあれば勝つことができます。そこでは人々は素早く深くつながることができます。残念ながら、カウフマン・フェローズやスタンフォードのような組織でさえ、このマインドセットを本当に教えることはできないことがわかっています。しかし、採用プロセスを通じて発見することは可能です。

「安全」な道で人生を無駄にするな

カウフマン・フェローズで私が行ったこと、そして、エンデバーやスタートX、インサイト・フェローズのような他の成功したイノベーションのプラットフォームが適切な人材を見つけるために行っていることは、パターンを観察し、適切な質問をすることです。イノベーティブな若者は通常、学問や芸術、スポーツなどの分野で伝統的な成功を収めています。しかし同時に、彼らの人生には驚くべき転換や予想外の展開があります。

私の元学生で、睡眠技術の研究に専念するためにスタンフォードを中退したルオメイ・リュウ（Luomei Lyu）は、14歳で中国の家を離れ、アメリカの高校に通うために南カリフォルニアで1人暮らしを始めました。「なぜ？」と尋ねたとき、彼女は生まれながらのイノベーターに典型的な答えをしました。論理的な理由はなかったけれど、自分が成し遂げたいことを実現するにはアメリカに来なければならないと感じたのだと。彼女のような人々にとって、家にいて安全に過ごすことなど考えられません。そして、企業での高給な仕事を得るためだけにスタンフォードに留まることは、彼女の言葉を借りれば「自分を殺してしまう」ことになるのです。

彼女は21歳にして、世界的に有名なスタンフォード睡眠クリニックと提携し、人々のための睡眠改善のデジタルソリューションの開発に取り組みました。なぜなら、私たちの多くが十分な睡眠を取れていないからです。私は彼女のようなイノベーターを理解し、支援することにキャリアを捧げてきました。彼女は多くの若いイノベーターに共通する特徴を持っています。40代や50代の人々が非常に明確で冷静に目標を追求するのとは異なり、彼女は常に答えを探し求めています。自分の選択に対する不安を和らげるアドバイスを求めますが、従来の安全なスタンフォードの道に戻る誘惑はありません。私の彼女へのコーチングは、「天才と使命」が交差する点を見出すのを助け、彼女のビジョンと製品をより明確に定義し、そのストーリーを世界最高のイノベーターたちに届ける手助けをすることです。ほとんどの新人と同様、彼女は受ける支援と肯定的な反応に喜び、それが彼女の信念を強め、さらに深い探求へと駆り立てます。

スタンフォードの私の別の元学生、ジェームズ・サルボデリ（James Salvodelli）は、人間生物学を専攻していましたが、開発中だった最先端の理学療法技術を放棄し、代わりに銀行口座を持たない何百万人ものアメリカ人のためのクレジットカードサービスを立ち上げました。これは主に低所得者（しばしば勤勉な移民です）を対象としており、私たちの多くが当たり前と思っている標準的な金融サービスから疎外された人々にサービスを提供するものです。ジェームズは、望むならコンサルティングや投資銀行、大手テクノロジー企業など、どんな有名企業にも簡単に就職できるでしょう。友人や家族からは、このクレジットカード事業のアイデアを諦めて、より安全な道を選ぶようプレッシャーをかけられています。しかし彼は断固として言います。「これはあまりにも大きなチャンスで、私がこの問題を解決しているのです」と。彼は安全な道を普通だとは見ていません。ルオメイも同様です。彼らにとって「安全」は奇妙なもの、むしろ危険なものなのです。彼らは、自分の天才性と使命が交差する最高のエネルギー状態の外で活動することが、潜在的に人生を無駄にする可能性があることを知っているのです。

この2人は生まれながらのイノベーターですが、彼らの意欲、知性、ビジョンだけでは、スタンフォードでさえ成功するには不十分です。そしてこれが日本に対する私のより大きな指摘です。若いイノベーターを見つけるだけでは足りないのです。彼らには、同じように「変わった」考えを持つ人々のコミュニティ、ネットワークが必要なのです。イノベーターはしばしば孤独を感じますが、他のイノベーターたちのコミュニティを見つけると、磁石のように引き合います。彼らは常識、市場、技術、政治、社会に疑問を投げかけ、その共通の好奇心が互いにとって大きな魅力となります。アイデアや人脈を共有し、最高のコミュニティでは、アドバイスや紹介がほぼ摩擦なく流れています。これは私たちがカウフマンで育成に努めた文化であり、「60カ国から集まった1000人のフェローの誰かが助けを求めてきたら、60分以内に応答しなければならない」という単純なルールによって運営されています。この文化にはほとんどリスクや恐れがありません。誰もが自分独自の天才と使命の交点で活動しています。大企業に典型的な成長の限界や競争、政治的駆け引きはありません。代わりに、世界を変える無限の可能性があるのです。

変数と未知に備える量子システムのマインドセット

映画『オッペンハイマー』は社会に多大な貢献をし、数々の賞を受賞しました。私にとって、この映画は伝統的な物理学者たちが量子力学の奇妙さに苦戦した様子も浮き彫りにしました。量子力学は科学界の多くの常識を覆すものだったからです。

同じことが組織行動の分野でも起こっています。伝統的なリーダーたちは、私たちが未来に向かって進んでいるのに、なぜ遅々として進まない産業的手法を使い続けられないのかを理解するのに苦労しています。それは単に過去200年ほどの間、ツールと環境が静的だったから機能していたに過ぎません。

私の35年のキャリアの間だけでも、新しいアイデアが商業市場に爆発的に登場するのを目にしてきました。インターネット、ヒトゲノム、遠隔での宇宙探査、ワイヤレスのハンドヘルドスーパーコンピュータのようなスマートフォン、ブロックチェーン、そして人工知能です。未来を切り開くことのできる唯一のものは「変化」でした。これを理解するためには行動についての新しいマインドセットが必要です。

この点について私の目を開いてくれたのは、著名な経営コンサルタントのマーガレット・ウィートリー(Margaret Wheatley)が1990年代初頭に行った「量子場」に関する研究でした。量子場は、私がスタートアップの世界を説明するためによく使う比喩ですが、独自の属性を持つ個別のエンティティ(独立して存在する物体や概念)と、それを取り巻く他のエンティティとの関係で構成されています。スタートアップと同様、エンティティの価値はそのエコシステムに依存しています。

ウィートリーは、ビジネス界を量子場として見ることで、世界に対する理解が根本的に変わり、この混沌とした時代にいかにうまく共に生き、協働するかを学べると言います。新しい形の組織やコミュニティにより確実に、より優雅に移行するための考え方です。具体的には次のようなことです。

■関係性こそが重要である。原子以下のレベルでさえも。
■生命は協力と参加が必要な、広大な相互接続のウェブ（ネットワーク）である。
■混沌と変化こそがイノベーションへの唯一の道である。

イノベーション・エコシステムでよく目にする量子システムとの類似点は、物事が複数の状態のまま存在する可能性です。量子場で起こっていることは正確には確定することはできず、確率的に測定しなければなりません。例えば、工業的な工場では、投入と工程に基づき「これだけの原材料を入れれば、これだけの車やパンが生産される」と決めることができます。そして「このプロセスを最もよく理解しているのは誰か？」と尋ねれば、常に工場長という答えが返ってきます。他の誰でもありません。この質問には常に同じ答えが返ってきます。

しかしイノベーションの世界では、急成長するスタートアップの成果を測定しようとしても、質問に対して1つの答えは得られません。

例えば、CEOは会社で最も賢い人物でしょうか？　ある意味ではそうですが、スタートアップのCEOは最も速く学ぶ人物でもあり、それを誇りに思わなければなりません。CEOは「CEOが最も知らない！」と皆に言える文化を作らなければならないのです。取締役会はCEOの上司でしょうか？　はい、取締役会はCEOを雇用し、解雇します。しかし、その2つの瞬間を除けば、取締役会の唯一の仕事はCEOとチームのビジョンを支援することです。量子場を測定しようとすると、複数の可能性のある状態が1つの答えに収束します。しかし、異なる方法で測定すれば、つまり質問の仕方を変えれば、異なる答えが得られるのです。

ここで日本が学べることは、「手放す」ということです。既存の考えを手放すことです。もしもこの本の概念があなたを怖がらせるなら心配する必要はありません。これはあなたのためのものではありません。もしこの本があなたを怖がらせないとしたら、ここで紹介する概念があなたの助けになることを願っています。しかし本に対するあなたの感情に関係なく、現実はこのように動いています。世界はもはや単純で決定論的な歴史的ルールでは動いていません。「XをすればYが起こる」とは言えなくなりました。未来を理解するための私たちのおなじみのフレーズは今や「それは状況次第」です。

例えば、近年人々を驚かせているAIの未来と人類への将来的な影響はまったく未知です。今の私たちにできるのは、できるだけ多くの変数を特定し、シナリオを走らせることだけです。「もしこれが起これば、あれが起こる」というように。AIに関しては、測定や制御できない変数や未知の要素があまりにも多くあります。イーロン・マスクやサム・アルトマンでさえ、わかっていないと思います。では、そのような未来をどう進んでいけばいいのでしょうか？　私のアドバイスは、「あなたの天才と使命に賭けること」です。

第 8 章

巨大な波を見極め、乗ることができるか？

「あなたの問題は私の問題」量子場のメタファー

成功する起業家は多くの異なる役目を担う必要があります。ある時にはリーダー、またある時には教師や支援者として、役割を瞬時に切り替えなければいけません。

私が担当するスタンフォード大学でのアントレプレナーシップと資本形成のクラスでは、学生たちが探究モデルと量子的マインドセットを追求するためのガイダンスを提供しています。これを見事に体現しているアリ・アンドリュース（Ali Andrews）という人物がいます。アリはスタンフォード大学でサステナビリティを学び、この大学がサステナビリティ学部を設立するに至った環境科学分野での研究を行った先駆的な学生の1人でした。そして2019年に私の起業クラスを受講しました。彼女は環境保護と恵まれない人々の経済的・社会的正義の実現に情熱を注ぎ、シェイクエナジー(Shake Energy）を設立しました。これはハワイとカリフォルニアの低所得層や先住民コミュニティのためのエネルギーシステムの創造を目指す太陽光発電会社です。彼女の目標は、最終的にこれらの太陽光発電システムの所有権と管理を彼らのコミュニティに譲渡することです。彼女のビジョンは、気候学や海洋学の業界で働きながら何年もかけて練られ、スタンフォード大学の大学院在学中はシェイクエナジーのアイデアに集中しました。すべての優れたスタートアップのアイデアと同様に、シェイクエナジーを推進するビジョンは一見すると非常に理解し難いものでした。優れたアイデアというものはいつだって、既存の規範に挑戦し、それを覆すものだからです。

アリは確かに常識を覆すことを決意していました。彼女は、自分の天性の才能のゾーンにいるという強い自信と、自分の目的に強い思いを持っていました。その確信が、大胆な新しいアイデアを推し進める自信を与え、恐怖に囚われない新鮮な目で世界を見つめ、ブレイクスルーを実現するために誰とつながる必要があるかを見極めることを可能にしました。彼女は未来のビジョンを物語（彼女のナラティブ）からデザインへ、そして実際の事業として形にし、それからエネルギー、金融、政治のエコシステムに参加するための鍵となる関係を構築し始めました。彼女のアイデアを育むためには、これらのエコシステムが必要だったのです。彼女は、グローバルなエネルギーと政治の生態系（彼女独自の「量子場」）を調査し、夢の実現を助けてくれる適切なパートナーを見つけなければなりませんでした。

アリが関わるハワイとカリフォルニアを含むアメリカのほとんどの州政府は、すべての市民のためのクリーンエネルギーと経済的正義の促進について大いに語りますが、アリは、ほとんどの州法、規制、政策が彼女が考えたようなアイデアを支持していないことに気づきました。州の公益事業者は、潜在的な支配力と収入を喪失することに脅威を感じていました（それは必ずしも事実ではありませんでしたが）。低所得のコミュニティ――多くは移民や有色人種――は、「大都市」出身の特権的な白人女性が彼らを助けたいと主張する動機を信用していませんでした。それに、誰がこんな突飛なアイデアに資金を提供するでしょうか？

ここで、スタンフォードのクラスのダイナミクスが彼女の大きな助けになりました。（4年後も、アリとそのクラスの他の学生たちは定期的に会って互いをサポートしています）。最初のサポートは、単に彼女のビジョンと計画を手放さないよう励ますことでした。スタートアップを立ち上げること、特にアリがやっているような野心的なものほど孤独なものはありません。アリのクラスメイトは、彼女の心を開かせるような挑戦的な質問をします（今でもしています！）。例えば、このビジネスをコンサルティングとサブスクリプションのハイブリッドとしてできないのか？　そして彼女は実際にそうしました。また、彼女がメディアに自分の話を伝えたことで、地元の政治家が彼女の話を真剣に受け止め、法律が緩和されて資金調達をしやすくする方法を探すのに役立ちました。スタンフォードのクラスで学んだテクニックを使って、ハワイの先住民コミュニティの話を深いレベルで辛抱強く聞き、信頼を得ることを自ら学びました。クラスのゲストスピーカーと話をする機会を得て、モロカイ島でパイロットプロジェクトを組み立てるための民間資金や財団の資金にアクセスすることができました。スタンフォード大学で学んだ原則のいくつかを使って、大手電力会社との公開競争で契約を勝ち取れるまでに自分のストーリーを磨きました。彼女は自分より100万倍も大きな巨大企業と競い、勝利しました。アリは今やこの分野で独自のブランドとなり、彼女の目標に沿ったより関連性の高い専門家やパートナーとさらに深くつながることができるようになりました。

そして、ここへ来て彼女の旅はさらにパワフルになります。アリがクラスメイトからこのようなサポートを受ける一方で、彼女もまた彼らのプロジェクトについてコーチングを行っています。彼女は質問をし、彼らのビジョンについてフィードバックを提供しています。自分の経験や戦略——何がうまくいき、何がうまくいかなかったか——を共有しています。彼女は教師であり生徒であり、専門家であり初心者です。これは、私が未来のイノベーションの量子場と呼ぶものの基本原則を示しています。誰もがリーダーであり、誰もが教師であり、誰もがサポーターです。量子粒子のように、イノベーターは一瞬で役割を切り替えながら、同時に多くのものでなければなりません。鍵となるのは、意識を高く持って、すべてのイノベーションの役割——リーダー、教師、サポーター——を素早くスムーズに行き来することです。今この瞬間、あなたは目標を推進していますか？　アドバイスをしているのか、それともリソースの提供者ですか？　このプロセスのエキサイティングな利点は、エコシステム内のすべてのプロジェクトにおいて、「あなたの問題は私の問題」だと認識することです。言い換えれば、私のスタンフォードのクラスの学生は次のように気づくでしょう。「これらのレッスンのほとんどすべて——粗利益の改善方法、幹部の採用方法、紛争の解決方法——を自分のスタートアップにも学び、適用できる。今日ではないかもしれないが、近い将来には」

このようなプロセスについて読むだけでも圧倒されるかもしれません。では、素晴らしいアイデアを持ちながらも、このような考え方やプロセスに慣れていない若い創造的な人にとって、どのように感じるかを想像してみてください。適切なマインドセットやリソースなしにこのような環境に放り込まれれば、彼らを窒息させ、世界を変える可能性のあるイノベーションを殺してしまうかもしれません。しかし、これらの若いイノベーターに適切なツールとサポートを与えれば、リスク、不確実性、そして速いペースの対話は怖いものではないこと——むしろ楽しくてエキサイティングなものだと理解し始めます。彼らは、夢を実現する上での唯一の障害は自分の恐れと課せられた自己制限なのだと気づき始めます。日本にイノベーションをもたらしたいと考える私たち全員の目標は、それらの障壁を取り除き、恐れを払拭するよう彼らを助けることです。量子の観点から言えば、イノベーターのためにエネルギーを最大化し、摩擦をゼロにする環境を作り出したいのです。

起業家か、プロダクトか、市場か？ 成功の最大の要因

エネルギーを最大化し摩擦を取り除く最もエキサイティングな状況の1つがサーフィンです。面白いことに、これは成功する起業家の旅の優れた比喩となります。奇妙に聞こえるかもしれませんが、説明させてください。

世界最高のCEOコーチの1人で10XCEOの創設者であるマーク・ヘロー(Mark Helow)は、私のスタンフォード大学のクラスの常連ゲスト講師です。ある年、彼は私の学生たちに尋ねました。

「スタートアップの成功にとって最も重要な要因は何か。サーファー、サーフボード、そ

れとも波？」

彼の比喩では、「サーファー」は起業家、「サーフボード」は技術（またはプロダクト）、「波」は新興市場です（続きを読む前に、自分自身にも同じ質問をしてみてください）。学生たちの答えは均等に分かれましたが、マークは「波」が圧倒的に成功の最大の要因だと確信していました。それは私を驚かせました。私は「サーファー」、つまりＣＥＯが最も重要だと確信していたからです。

しかし、マークはほぼ40年間にわたって大物ＣＥＯをコーチングし、あらゆる種類の業界で約１０００人のＣＥＯと仕事をしてきたので、彼の質問と自分の答えについて深く考える必要があることがわかりました。彼が強く信じていることがあるならば、それを退けるか受け入れる前に、しっかり検証して理解する必要があります。

そして、彼の意見を理解する必要があることがわかりました。なぜならこれは世界中のイノベーター志望者たちを大きな成功へと飛躍させる学びの柱だからです。この単純なモデルは、日本（ちなみに、サーファーにとって素晴らしい海のある国です）が次の大きなイノベーション・ハブになる過程で参考になるものだとわかりました。具体的に言えば、市場という海の真ん中で次の大きな波を探している日本のサーファーたちは誰なのでしょうか？

私が何かを学ぶ際に好きな方法は、私のネットワークにいる専門家に尋ねることです。

そして、このマークによる洞察についても同じことをしました。シード投資において最高のVCファームの1つであるフラッドゲート（Floodgate）の共同創設者、アン・ミウラ・コー氏に問いかけました。2023年のスタンフォードでのＳｏｚｏと科学技術振興機構（ＪＳＴ）シンポジウムでの彼女の講演の準備の中で、私は尋ねました。「毎年見る何千ものアイデアの中から、どのシード段階のアイデアを選ぶべきかどのように知るのですか？」彼女はこの投資段階における世界最高のベンチャーキャピタリストの1人です。私はマークの「サーファー・サーフボード・波」の比喩を彼女に伝え、それが彼女の心に響くかどうか尋ねました。彼女はその比喩を気に入り、自社でもそれを応用して使っているそうです。彼女は、フラッドゲートでは市場の波を探しているだけでなく、特に「ビッグウェーブ」、つまり『ライディング・ジャイアンツ』や『100フィートの波』のようなサーフドキュメンタリーで見るような波を探していると教えてくれました。

彼女の重要なポイントは、ビッグウェーブサーフィンは世界クラスのプロサーフィン競技とも根本的に異なる点があるということです。乗ることが可能な最大の波は、サーファー単独では「捕まえられない」のです。それらはあまりに巨大で、あまりに強力すぎて、そしてまた速すぎるために、人間の腕2本でパドリングして生み出すスピードだけでは捕まえることができません。

ビッグウェーブサーファーはジェットスキーによるトウイン（引っ張り込み）を必要とします。このような波に乗っている間に時速90キロに達することがあるので、巨大な波を捕まえるチャンスを得るには、波が到達した時点で約時速50キロで移動している必要があります。そんな速さに達するには、ジェットスキーに取りつけられたトウロープの助けが必要です。そしてここでアンは彼女の投資戦略について締めくくりました。

「起業家がこの波が形成されつつあることを示し、私たちがそれに興奮させられたなら、VCとしての私たちの仕事は、そのジェットスキーになることです」

2人の専門家の深い洞察を統合しようと努力する中で、私はこれを誰かに教えるとすれば、どのようにすればいいだろうか、と考えました。長年持っていた「最も重要なのはサーファーだ」という自分の信念をどのように調和させればいいのでしょうか？

私が「サーファー」を選んだのは、私のVCファームであるSozo Venturesでは、通常シードラウンドの投資家が扱うよりも少し後の「ライド」を見ているからだと気づきました。私が通常投資する企業では、サーファーはボードの上に1人で、ジェットスキーは画面から消え、私たちは、①巨大な波が形成されるかどうか、②その波が私たちが皆望むモンスターのうねりになったときにこのサーファーが生き残り、成功できるかどうかを評価しようとしています。

これにより、アンとマーク、そして私の全員がそれぞれ正しく、それぞれスタートアップの旅の異なる部分を見ていることがわかりました。もちろん、起業家《サーファー》はスタートアップの旅の成功にとって重要ですが、その起業家のスキルセットに求められるスキルセットの中でも特に重要な部分は、ビッグウェーブを見つける能力です。単にそれに乗るだけではありません。サーファーは風速、海底の形状、潮の干満を見て巨大な波がいつどこに現れるかを予測します。それと同じく、アンが説明したように、最高の起業家は市場で作用するすべての力――技術の進歩、コストカーブ、行動傾向、消費者感情、政府の政策、人口統計、地政学、データへのアクセス――を見て、ソーシャルメディア、先制的なヘルスケア、ＡＩなどの巨大な現象で巨大な波が今にも頂点に達しそうなのを見出し、それに乗るための「サーフボード」を作り上げます。起業家は体系的に考える必要があります。適切な場所で「波」を捕まえているか？　私の「サーフボード」は適切な形状と長さか？　適切なサポートチームとジェットスキーの運転手がいて、私を打ち上げてくれるか？　この波は、私たちが予想する場所と時間に本当に起こるのか？

そして、良い波と良いサーファーがいるだけでは十分ではありません。スタートアップの成功がいかに稀であるかを考えれば、ほぼ常に――サーフボード、場所、タイミングを最適にするために、試行と実験が必要になります。これらが典型的な「ピボット」です。例えば、顧客へのメッセージを変更する、製品や価格を変更する、異なる買い手をターゲットにする、といったことです。これらの変更はすべて、学んだことに基づいてサーフボードを調整しながら、いざ波が来たときに備えて波を見極めるためです（加速学習の重要性を覚えていますか？）。

すべての変数を頭に入れながら全体をまとめ上げることが、優れた起業家の条件です。スティーブ・ジョブズはその最たる例でした。彼は優れた「ビッグウェーブサーファー」だったでしょうか？　巨大な波を見極め、適切なサーフボードを作り、それに乗ることができたでしょうか？　多くの人はｉＰｈｏｎｅを思い浮かべて「イエス！」と言うでしょうが、正解は「イエス、そしてノー」です。ジョブズでさえ、いくつかの壮大な失敗を経験しています。ｉＰｈｏｎｅとｉＭａｃに関しては、「ジョブズはおそらく史上最高のビッグウェーブサーファーだった」と言えるでしょう。しかし、Ｌｉｓａ（この悲惨なアップルのプロジェクトを聞いたことがない方は調べてみてください）に関しては、彼はひどいサーファーだったと言えるかもしれません。マークとアンの比喩を用いるとすれば、Ｌｉｓａを手がけたときのジョブズは、平らな海の上で非常に高価で派手なサーフボードの上に座って、どこにも行けない姿であったことが思い浮かんできます。ジョブズがアップルを去りネクスト（NeXT）を立ち上げたとき、状況はあまり良くありませんでした。もしネクストがジョブズの物語の終わりだったら、彼は元のアップルコンピューターで良いヒットを出した後、いくつかの大きな悪いアイデアの後に消えていった若い詐欺師の1人に過ぎなかったでしょう。アップルでのカムバックとiPhoneで、ジョブズは本物の偉大なビッグウェーブサーファーであることを証明しました。なぜなら、彼は「力」が集まってくるのを見て、それに乗るための適切な製品——正しいサーフボード——を作り上げたからです。そして、それにより数十億ドル規模の企業になるほど「波に乗る」ことができました。だからこそ、私はジョブズを『ライディング・ジャイアンツ』に出てくる、タヒチのテアフポーのレアード・ハミルトンのようなビッグウェーブの伝説だと考えています。

マーク・ヘローの刺激的な質問とアン・ミウラ・コーの洞察に富んだ回答について深く考えて学んだことは、「波を見つけ」そして「乗る」絶え間ない努力が、優れた起業家を成功に導く、ということでした。常に専門家に質問をする必要があります。イノベーターは学ぶことを決して止めることはできません。そして学ぶためには、好奇心と謙虚さが必要です。

第9章

この国の「信頼」という資産

成功を妨げる「パターン」

ここまではイノベーターのための方法論をご紹介してきました。エニアグラムなどのテストを受けるだけでは完璧な答えを得られないことを先にお伝えしましたが、結果に基づいてさらに考察を深め、自分や仲間への理解を深めるために活用しましょう。ここでは私自身が実際に自分の人生と仕事にどのようにこの方法を適用しているかを少しお話ししたいと思います。

まずはエニアグラムから始めましょう。このモデルを活用するようになってから10年が経ちますが、今でもタイプ7「探検家／熱狂家」の分析は私にぴったりだと感じています。9つのタイプに分類される「恐れ」の中で、私は「欠乏感」と「悲しみ」を最も嫌います。私たちは皆自分に該当しないタイプの「恐れ」をまったく感じていないわけではなく、すべての種類の恐れを多かれ少なかれ感じています。私は何年も前に自分にとっては「悲しみ」への恐れが最も支配的であることを自覚し、それ以来エネルギーを最大化することにより多くの努力を費やすようになりました。「集中力と創造性を発揮できるタイプ5の状態で、最大限の時間を過ごすにはどうすればよいか」と自問自答しています。

次に「天才のゾーン」についてですが、私は自分の天性の才能を「人と組織の成長を加速させる能力」と定義しています。これは、カウフマン・フェローズを率いていた時も、Sozo Venturesでの私の役割も、スタンフォード大学の人的資本形成センターでのアプローチも、そしてスタンフォードと早稲田大学で教えているクラスでも同じです。例えばSozo Venturesには、世界最高のスタートアップと協働したいと願う一流の日本企業のグループと、日本のトップ企業との協力によってアジアで大成功を収めたい最高のスタートアップが集まるネットワークがあります。両者を結びつけるというコンセプト自体はシンプルですが、彼らがお互いに最適なパートナーを見つけることは非常に困難です。そこで私たちは彼らが繋がるためのプラットフォームを構築しています。またカウフマン・フェローズやスタンフォードでの私の仕事も、同様にアイデアと機会を交換する「市場形成」プラットフォームを作ることです。このような仕事において私の天才は大いに発揮されます。

そして私が掲げる最高の「使命」は、イノベーションのベストプラクティスを体系化し、民主化することです。投資家の養成学校であるカウフマン・フェローズでのメンタリングとコンテンツが、選抜された30～35人の若きリーダーたちに及ぼす並外れた影響を目の当たりにしてきました。そしてこの恩恵を少数の幸運な人々に限定することは不道徳だと考えるようになりました。そこで私は「資本形成の科学」をスタンフォードと早稲田大学で教えることにし、今後さらに世界中のチェンジ・エージェントにこの知識を提供したいと考えています。90年代初頭の大学院時代から現在に至るまで、アカデミックな科学としての起業家精神が着実に発展してきたのを目撃してきました。そしてそれが実際に社会の改善に貢献するのを。私たちは教育により資本形成の普及を一層加速できることを知っています。偶然にも、1994年の私の最初の学術研究論文は、当時博士課程の学生だった現立命館大学教授の黒木正樹氏との共著で日本のベンチャーキャピタルを研究したものでしたが、それから30年経った今、私は日本のスタートアップの可能性をこれまで以上に信じています。

日本のイノベーションの実現に貢献することが私のゴールですが、ではどのようにこの使命を達成すればいいでしょうか？　まず、私は毎日自分の意志を確認しています。そして可能な限り透明性を保ち、他の人の意志についても理解しようと努めています。これにより同僚との信頼関係が深まり、目標の追求においてより迅速かつ正確になります。この姿勢は今でこそ習慣になっていますが、身につけるまでには何年もかかりました。

また「ストレス」の状態に陥って破壊的になるのを避けるため、私は悲しみを恐れていること（特に失敗の悲しみと痛み）を自覚し、家族や友人、同僚に自分のSCARFの評価を共有しています。私にとって地位や自律性はあまり重要ではないこと、ある状況下では無意識に約束を避けることで自分を守っていることを説明しています。私が自分について彼らに本当に理解してほしいのは、可能な限り多くの確実性を求めているということです。私にとっての確実性とは、良いニュースであれ悪いニュースであれ、最大限の情報です。だからできるだけ多くのデータを私と共有してください――どうか私を驚かせないでくださ い、それは私に大きな悲しみを引き起こします、と伝えます。確実性の欠如こそ私が最も恐れるものです。そして、その結果生じる防御メカニズムは怒りや批判のように見えるかもしれません。それは私自身も、周りの人々も望まないことです。

イノベーションが持つ無限の可能性の豊かさを強く信じる者として、私は公平性も非常に重視しています。公平な文化はチーム内の心理的安全性と創造性を育み、冷酷な個人主義の文化よりも優れた成果を上げるからです。「豊かさ＋公平性」は、政治的に抜け目のない少数の暗殺者たちが限られた成功のわずかな一片を得る代わりに、チーム全員に大きな勝利をもたらします。不公平、あるいは不正は時間と資源の浪費につながり、それが私を悲しませます。

また、ＳＣＡＲＦの恐れを「アッパーリミット」の恐れと切り離すことができないことに気づきます。ＳＣＡＲＦは、重要な何かが奪われており、それがあなたを殺す可能性があると教えてくれます。一方、アッパーリミットは、あなたが幸せすぎてそれがあなたを殺す可能性があることを告げています。私の性格をアッパーリミットのモデルで説明するならば、例えば大小問わずプロジェクトの成功の95〜99％まで到達すると「ＯＫ、後で終わらせよう」と自分に言い聞かせることがよくあります。そして、ジムに行ったり、友達と出かけたり、新しいプロジェクトを始めたり、映画を観たりします。ダイアナ・チャップマンに指摘されるまで、私は自分が人生の大半においてこのパターンに陥っていることに気づきませんでした。

このプロセスをかなり意識するようになった今では、「疲れた……」（これは嘘ですが）とか「まだ待てる……」（これは無駄ですが）といった理由で、もう少しで完成というところで逃げ出そうとする自分に気付けるようになりました。その際「自分は何を恐れているのか？」と自問します。失敗や恥ずかしさへの恐れの可能性を考え、通常は自分を笑い飛ばし、そしてまた戻って始めたことを終わらせます。これを何百回も繰り返すうちに、自分を律する習慣は強くなりましたが、依然としてアッパーリミットの引力は存在し、時々それに屈することもあります。でもそれはそれでいいのです。

何年もの間、私はプラスとマイナスのエネルギーのそれぞれの源を特定し、チームダイナミクスの問題を解決するためのワークショップに参加し、実践してきました。このような演習は時に非常に緊迫し、深刻な雰囲気になることがあります。そんな時の私のお気に入りの質問は、「もし誰かがこの会話をテレビ番組として、他の情報なしで見ていたら、ドラマだと思うだろうか、それともコメディだと思うだろうか？」というものです。信じてください。人間はドラマの真っ只中にいると深刻に感じますが、一歩下がって距離を置いて見れば、ほとんどの場合それは面白いのです。これらの状況でリラックスし「ドラマ」を笑うことを学ぶことが、解決のための鍵になります。

読者の皆さんには、この本で紹介したモデルによる評価と内省を行うことを強くお勧めします。そしてそこで明らかになったことを友人や家族と共有する際には、十分に心理的に安全だと感じられる状態であることを願います。

このようなモデルを通じて自分や他者を理解しようとするのに、興奮しなかった同僚を私は見たことがありません。どれも非常に有益であり、また信頼できる人々と一緒に行うのは楽しいものです。もちろん自分や他者を真面目に受け止めるべき時もありますが、それと同時に自分自身や他者を笑うことを楽しむことを学びます。なぜなら、私たちが日常で作り出す「ドラマ」の多くは実は不必要だからです。

最高の状態にある時、人間は並外れた種としての驚くべき能力を発揮します。一方で最悪の時、私たちは信じられないほどに不条理です。これらのモデルで自己理解を深めることは、あなたが自分が馬鹿げている(恐れているか過剰に劇的な)状態にある時に自分を笑い飛ばすのに役立ち、そしてあなたが天才のゾーンにいる時間を増やし、世界にあなたの「最高の自分」を見せることを助けるでしょう。

日本のイノベーションのための5つの選択

さて、この本で紹介してきた原則を私自身の実践を例にお話ししました。イノベーターたちはこのようなモデルを使い、自分の長所と短所を深く理解し、成功を妨げる要因を克服することに力を尽くしています。そして私の考えでは、これは人間だけでなくコミュニティ、あるいは国にも適用できるでしょう。とはいえ国にテストを受けさせるわけにはいきませんが、私たち自身が社会をよく観察することによって、この国がこれからどのような道を辿るべきかを考えることはできるはずです。日本がイノベーションを起こすにあたって、この国の長所と短所はなんでしょうか。

まず日本の長所は、これまでも繰り返して来たように、長年にわたり産業を発展させてきた高い教育水準と、人々の勤勉さ、そして構造化された正確性にあると私は見ています。これらの強みにより、40年以上にわたって支配的な産業経済が続いて来ました。ですが産業のマインドセットのままでは、イノベーションを生み出すことはできません。それがこの国の足枷です。

しかしこれまで培ってきた産業の巨人としての底力の中に、私は新しい種類の経済力、新しい種類の世界的成功の可能性を見ています。日本は国内外のイノベーターにとって刺激的なリソースの宝庫です。

この産業の秩序が、これまでのところはイノベーションを殺しています。日本の市民の中には（他のすべてのコミュニティと同様に）、産業の規則に従うのを好まず、むしろ新しい会社を作ることを好む少数の人々がいますが、日本で進化した高度に効率的なシステムが彼らを抑圧し、彼らは国外に脱出しています。

しかしかつてこの国は基礎研究に多大な投資を行い、数十年にわたってゲノミクス、ハイブリッドエンジン、がん治療、ＡＩ（80年代の「ファジィ家電」を覚えていますか？）の分野で先駆的な存在でした。世界特許記録保持者は山崎舜平氏で、9700以上のグローバル特許を持っています。2023年、日経新聞は「日本は特許出願数で米国に次ぐ2位だが、競争力スコアでは1位だった」と報じました。日本の基礎研究はまさに宝であり、グローバルな影響力を持つスタートアップにとって理想的な土壌です。

また、日本の企業は世界で最も優れた経営を行っており、信頼できるサプライヤーになれるスタートアップにとっては魅力的な顧客です。そして、最高のスタートアップとパートナーになりうる日本企業の能力は卓越した資産です。Ｓｏｚｏでは、主要な日本企業がスクエア、ツイッター、パランティア、ズームなど私たちのポートフォリオにある革新的なスタートアップとのパートナーシップに熱心に取り組むのを見てきました。信頼性の高い主要な日本企業を顧客に持つことは、他のアジアの国々にとって大きな重みを持ちます。

日本企業の市場は、収益性が高く忠実な顧客を提供し、スタートアップを最高のパフォーマンスレベルに押し上げます。そのパフォーマンスと専門知識のレベルは、他の市場でも役立つでしょう。このプロセスで、それらのスタートアップは日本での成功を通じて市場での信頼性を構築します。

世界中を旅し、様々な場所に住んだ経験から、私は東京が地球上で最高の生活の質を提供していると固く信じています。そして、ここのスタートアップは容易にアジアのどこにでもつながることができます。東京はすでに静かに、才能あるテック移民のグループを惹きつけており、彼らは地元の人々と提携して新しい会社を立ち上げたり投資したりするでしょう。しかし、本当の課題は、この前向きなエネルギーを測定可能な結果に変換するということです。

才能の適切な育成の方法をひとたび会得すれば、日本がこれまで芸術や科学の分野で成し遂げたのと同じように、イノベーションにおいても特別なことを成し遂げるであろうと予測します。

確実に成功する方法は誰にもわかりません。しかし今まで見てきたように、イノベーションが生まれやすい環境を作ることは可能です。そして、どのような環境であればイノベーションが起きやすいかについては、多数の事例が存在します。そのようなモデルから真剣に学ぶべきです。

そして過去の他国のエコシステムの事例を踏まえると、今後日本が直面することになるいくつかの決断と、コミットしなければならない課題があることは明白です。実行するのはさほど難しくはありませんが、これまでのビジネスの規範を更新することになるので、一部の人々にとっては不快に感じるかもしれません。

しかし私の考えでは、日本にいる私たちが今の世界と足並みを揃えるのであれば、変化を避けることはできないでしょう。具体的には次のような転換が求められます。

まず長期的アプローチを採用することです。イノベーションは15年（あるいはそれ以上）のサイクルで動きます。近道はありません。前述のように、短期的思考は「キャッチアップ」しようとする慌てた試みにつながり、しばしば間違った人々や間違ったアイデアに過剰投資してしまいます。

そして技術研究はエコシステムに統合され、他の科学者との交流が必要です。アイデアを商業化したいと考える科学者は、訓練を受け、グローバルなエコシステムとつながる必要があります。日本は多くの場合、それをサポートするシステムがないために、研究のリードを商業化できていませんでした。

次に、日本のベンチャーエコシステムは、起業家を優先するという揺るぎない決意のもとに、意識的に開発される必要があります。そのためのトレーニングにはリソースと時間が必要であり、そのリーダーたちも特定のスキルセットと価値観に基づいて慎重に選ばれる必要があります。ベンチャーキャピタルに関する私の本で示したように、クランダムは2003年に設立された5000万ドルのベンチャーファンドで、次世代の北欧のグローバルブランドに投資するためのものでした。当時、この地のスタートアップの文化は今日の日本と似ていました。しかし20年後、北欧の経済は競争力で世界トップ15に入っており、ヨーロッパの人口のわずか4パーセントしか占めていないにも関わらず、グローバルユニコーンの9パーセントを生み出しています（ヨーロッパの残りの国々は、グローバルユニコーンのわずか8パーセントしか生み出していません）。重要なのは、どれだけ支出するかではなく、誰を、どのように支援するかです。

また、日本の教育システムは、革新的な子供たちのための道筋と教育法を提供する必要があります。異端児たちは称賛と共に支援される必要があります。イノベーションは一般論的思考を拒絶します。

最後に、成功とインスピレーションは、小さなイノベーターグループ、つまり「そのように生まれついた」特別な人々からのみ生まれることを理解してください。イノベーターになる方法を教えることはできませんし、文化を変えるために大勢の人々が必要なわけではありません。自分を深く理解し、適切に育成されたほんの数人の天才が、この国にインスピレーションをもたらすでしょう。

第10章

「目を見れば、誰に投資すべきか判断できる」という嘘

「イノベーターは生まれつきか、訓練できるか？」

シリコンバレーの主要なシード投資企業であるフラッドゲート（Floodgate）の共同創設者、アン・ミウラ・コー氏は、私が出会った中で最も大胆な思想家の1人です。前の章でも彼女についてすでに話しましたが、ここで彼女の話に戻るのは、その才気に加えて、日本でのイノベーション育成に関する独自の（そして非常に賢明な）見解を持っているからです。

まず、この話題について彼女の意見を聞く価値がある理由を示す背景を少し紹介しましょう。アンは日系2世で、子供の頃は金沢の祖母と共に夏を過ごしました。イェール大学を卒業し、スタンフォード大学でコンピューターサイエンスの博士号を取得しました。彼女はリフト（Lyft）、チェグ（Chegg）、エモーティヴ（Emotive）への早期投資をリードし、世界のトップ100のVC投資家を選ぶフォーブスの「マイダス・リスト」にしばしば名を連ねています。2023年にスタンフォードで科学技術振興機構のために私が主催したパネルディスカッションで、彼女にこう尋ねました。

「イノベーションの才能は生まれつきのものでしょうか、それとも訓練できるものでしょうか？」

アンはこのように即答しました。「イノベーターは生まれつきで、そして彼らは『変わり者』として生まれます。日本がスタートアップの成功を生み出すためには『変わり者』を受け入れる方法を学ぶ必要があります」

私はこの答えが大好きです。その理由は、この答えに同意すると共に、魅力的で重要な課題について考えさせられるからです。どうすればエキサイティングで変わったイノベーターを識別する方法を人に教えられるでしょうか？

アンと私が常に求め、支援している種類の「変わり者」は多くの変数を持っています。例を挙げてみましょう。Sozo Venturesのオフィスや、スタンフォードでの私のチームには、日本、ナイジェリア、中国、ニカラグア、インド、ネパール、ドイツ、そして田舎のニューヨーク州北部（私）出身者などがいて、皆カリフォルニアで幸せに生活しています。

私たち全員が世界中からここにやって来て、そしてその全員が、良い意味で「変わり者」です。なぜそれが注目に値するのでしょうか？

私たち人間は、家族、部族、種族として、そのコミュニティの中で地位を確実にし、また最も信頼できる関係を築くようにプログラミングされています。なぜなら数万年前の人間は、そのような協力関係を持てなければ部族から追放されることになり、それは当時の人間にとってほぼ確実な「死」を意味したからです。現代の先進国では、そのような脅威はほとんどありませんが、私たちの脳の機能は昔からそれほど変わっていません。そのため、今でも昔と同じように自分のコミュニティで良い関係を持つことが多くの人にとっては変わらず重要です。それにも関わらず、なぜこのシリコンバレーに集まる人々は、自分が生まれ育った土地を離れ、ここにやって来たのでしょうか？

それに答えるために、私は学術研究における相談相手であり、パートナーであるアデ・マボグンジェ(Ade Mahoganies)博士と対話をしました。彼もまた、故郷のアフリカを離れ、家族から遠く離れてスタンフォードで学ぶことを決意し、ここの大学で主要な研究室を率いることになった「変わり者」の1人です。彼と私はスタートアップ文化の「デザイン」と「実行」について共に研究し、スタンフォードでも教えて来ました。私たちはこの問題を、非常に重要で挑戦的なエンジニアリングの課題として捉えてきました。その理由は、スタートアップのエコシステムにおいては、人々は神経化学的なレベルでの調和を他者との間に生み出す必要があるためです。幸運なことに、この問題に関して興味深い視点を提供する研究成果が日本人によって発表されています。彼は、日本人と西洋人の心の違いに焦点を当て、それぞれの行動の違いにおける因果関係を研究しています。

先に言うと、これは実は私が自分の会社であるＳｏｚｏで日々実践していることにも深く関係があります。

ミシガン大学の北山忍先生は、京都大学出身の有名な社会心理学者です。北山氏は、相互独立的（イノベーター的）な社会志向や相互協調的（安定した大企業の歯車的）な社会志向とドーパミン反応との関係を探る画期的な研究を行っています。私の理解では、人類の一定数がドーパミンＤ４受容体の多型を持っていますが、これはＤＮＡにおける一塩基レベルでの変異の一種です。この多型は人種や性別との相関がありません。あるドーパミンＤ４遺伝子の変異を持つ人は、その変異次第で前述した相互独立的あるいは相互協調的な社会志向のいずれかに、より強い反応を示します。私が特に興味深いと思ったのは、研究対象者の神経伝達物質の反応に基づき、生き残りの必要性から、栽培しやすい麦を作っているヨーロッパの人に比べ、難易度の高い米作りをする東アジアの人は、より協力し合うように進化した可能性があるという見解です。彼の研究の焦点はアジア人とヨーロッパ人との志向性の違いですが、２０１４年の論文では次のように述べています。

「欧米人は自己を他者から独立しているものとする文化的な規範を重視する。一方でアジア人は他者と相互に協調し合う自己が強調されている。こうした文化的な規範の違いは、より具体的な行動の特徴として表れている。全体性への意識、社会的な幸福（個人的な幸福ではなく）の重視、自己利益の保留、自己表現・自尊感情・自己効力感への動機の弱さは、相互協調的な志向性と関連するものである」

私はこの考察を楽しく読み、北山先生のような才能ある研究者による献身的な努力や視野の広さに敬意を持ちます。私は実践者として、この科学的な見解を自分自身の脳や私の仲間、投資先の人々の脳にどう適用できるのかを考えます。Sozo Venturesでは高度に協働しますが、物事を速く進めるために、一緒に仕事をするときは混乱、衝突、個人的なニーズや意見のぶつかり合いが頻繁に起こります。確実に言えることは、北山先生が言うところの協調的で相互依存的な人の特徴は、出身地に関わらず、スタートアップのリーダーには当てはまらないということです。

私には才能を見極める上で重視していることがあります。外部の人からは、SozoVenturesは社員やLP投資家、シリコンバレーの起業家を「日本人かアメリカ人」という基準で選んでいるように思われがちですが、私が探しているのはアンや他のベンチャー投資家と同様に「変わり者」なのです。人によっては、北山先生の研究を根拠に「この研究によって、日本人はスタートアップのリーダーがとるべき行動を苦手とすることがわかった。日本がこの分野で成功していないことの説明がつくのではないか」と言うかもしれません。

しかし、いくら統計的に見てそれが1億3000万人の日本人に当てはまる事実であっても、私にとってそれは重要ではありません。私は「変わり者」がどこの出身、どの性別、どの言語を話す人であるかは気にしません。むやみやたらと門戸を広げて多くの人々に向けて投資家になる方法を教えることを目的としていませんし、また日本やあるいは他の国を変えようなどという気持ちはありません。私たちはごく少数の変化を生み出す素質を持ったリーダーを見つけ、教育を提供したいと考えています。私が日本で出会ったイノベーターたちは、世界的に見ても、最高に優秀で、最高に変な人たちです、もちろん良い意味で。この国の可能性を解放するには、十分すぎるほどにそういう人がいます。私たちはそのような人たちを見つけ、支援する必要があります。

規律正しい日本の群れの中に散らばる素晴らしい変わり者を探すことは、まるで国全体で行われる「ウォーリーをさがせ!」ゲームのようです。このゲームに勝つために、日本は前の章で説明したように、教育哲学と実践を根本的に再考する必要があります。この本で、私は日本が信じられないほどのイノベーションの流れを解き放つ寸前にあるという信念を何度も述べてきました。しかし、これを実現するためには、日本は新しい教え方を学ぶ必要があります。そして学び方も。

能力を解き放つ世界最先端の「学び方」

良質なポッドキャスト「People I (Mostly) Admire」のエピソードで、シカゴ大学のスティーヴン・レヴィット（Steven Levitt）氏とカーン・アカデミー（Khan Academy）を創立したサル・カーン（Sal Khan）氏が、まったく新しい教育方法についての話をしていました。カーン・ワールド・スクール（Khan World School）は完全オンラインの自由進度学習の高校で、学習コンテンツはクリティカル・ディスカッションやプロジェクト型学習と組み合わせています。主な目標の1つは、若者が自分の強みや情熱を見つけ、自立した考えを持てるようになることです。カーン氏はアメリカの典型的な高校の教育理念と対比するために「現在の教育システムはどのようにして作られたのでしょうか？」と問いかけています。

彼が言うには、現行のシステムは産業革命の概念を適用したものであり、生徒を1つの規格に当てはめ、ライン生産方式のように、全員に同じ教材を同じスピードで提供するものになっています。このやり方は、ルールに従う必要のある、生産ラインの仕事を習得するのには適しているものの、イノベーションを促進するのには向いていません。

多くの日本や欧米の高校では、飲み込みの早い生徒は退屈してしまい、一方で情報処理速度がゆっくりな生徒は取り残されてしまいます。カーン・ワールド・スクールでは、基礎的な学習については加速学習できるシステムを構築し、その代わりソクラテス式問答法、コラボレーション、オックスフォード大学式のチューター制度や支援ネットワーク、プロジェクト型学習に重点を置いています。

そうすることで、彼らが大人になったときに、急速に変化する、曖昧な世界を生き抜くことができるように備えます。また、カーン氏が言うには、これらの能力を解き放つことで、毎年測定している生徒の数学や理科の基礎学力が、従来の高校に通うよりも4～6倍も早く身につくそうです。私が教えているスタンフォードの学生にも似たような加速度的な学びが見られます。それは、大学の講堂でノートを取るのとは違い、難易度の高いイノベーションの考え方（ユニット・エコノミクス、資本政策、顧客価値）に触れ、本物のスタートアップに適用しようとするからです。

ここが重要なポイントです。日本の教育は、多くの生徒にとって非常にうまく機能しており、そのシステム全体を完全に再構築する必要があるというわけではもちろんありません。しかし、日本がグローバルなカテゴリーリーダーを育成し、地元のスタートアップシーンを成長させるためには、スタンフォード大学の授業やカーン氏が行っている方法を参考にしながら、起業家になろうと努力している少数の子供たちを見極めて支援することが非常に重要です。

アメリカの高校では、起業家的な思考を促すような、個別のプロジェクト型の学びのプラットフォームが一般的になってきています。スタンフォード大学、ハーバード大学、南カリフォルニア大学の学生が寮の部屋で会社を立ち上げた話をよく聞きますが（実際に本当にそうなのですが）、実は彼らの多くは、すでに中学や高校のうちに起業に成功しています。起業家のマインドセットは、アートや音楽と同じように、学習によって習得可能なスキルです。そしてアートや音楽と同じように、やればやるほどできるようになるものです。

日本はどのようにこうした教育の機会を取り入れ、またどのモデルから学ぶべきでしょうか？　学術界の多くの人にとっても、一般の人にとっても起業家教育は新たな概念に思えるかもしれませんが、実はそんなことはありません。スタンフォード大学のアントレプレナーシップ研究センター(Center for Entrepreneurial Studies)は1996年に設立され、ネットスケープ(Netscape)が画期的な上場を果たした後の比較的新しいものです。2003年にハーバード大学は、ロック・センター・フォー・アントレプレナーシップ(Rock Center for Entrepreneurship)を開設しました。しかし、多くの新しく大胆なアイデアがそうであるように、話題になる何年も前から、起業家教育はいくつかの小さな専門的な大学で盛んに行われていました。バブソン大学の起業家プログラムの歴史は1967年にまでさかのぼり、現在も起業家教育の分野では世界のリーダーです。

私の個人的な体験からも言えることですが、バブソン大学のプログラムの品質は大変優れています。バブソン大学の起業家プログラムの名誉学長兼名誉教授であるマーク・ライス(Mark Rice)氏は1977年に太陽光関連の会社を設立しました。そして1979年にその会社は、ニューヨーク州北部にあるレンセラー工科大学という小さなエリート学校が構築した世界初の大学を基盤とするインキュベーターに参加しました。そして1988年にマークはそのインキュベーターの運営を行うことになり、1989年から1996年にかけてナショナル・ビジネス・アソシエーション(National Business Association、訳注：スモールビジネスやスタートアップ支援を行うNPO)の会長を務めました。1995年には、カウフマン財団からの出資により、共著で『Growing New Ventures, Creating New Jobs』(Praeger Pub

Text）を出版しました。私は日本で2社の起業を経験した後、マークの指導の元、1992年にレンセラー工科大学の大学院で起業研究に関する特別研究員の奨学金を獲得しました。私は当時自分がこの分野の最先端にいると思っていましたが、実はマークはすでにバブソン大学とのパートナーシップを含め15年もこの分野にいたのです。その他の大きな大学が追いつくまでは、バブソン大学とレンセラー工科大学という2つの小さな学校が、この分野の改革を率いていました。

このマーク・ライスのモデルを参考にするならば、日本は、非常に若いうちから利用可能で、かつ大学から専門職までを対象とした総合的な人材育成システムを国内に構築することを目標とするのが良いのではないかと思います。このシステムは、大多数に向けて設計されるのではなく、あくまでもイノベーションの適性がある、恐れ知らずでリスクを受け入れる覚悟のある人々のための教育スタイルです。そのような人たちは、親や祖父母といった前の時代の伝統的な産業に即した教育やキャリアに追随することのリスクを理解しています。

キャリアに関するリスクは、興味がそそられる厄介な話です。私は20代前半の2人の娘に、大人からのキャリアのアドバイスは疑うようにと伝えています。なぜかというと、たいていそうしたアドバイスは1世代あるいは2世代くらい古いものだからです。40代、50

代の人であっても、自分自身の人生ではなく、両親や祖父母の生き方や働き方に基づいてアドバイスをしていることがあります。

このようなアドバイスには2つの問題点があります。まず1つには、2世代前は人生の長さや働く期間が今よりもずっと短かったということがあります。祖父母の世代の寿命は70代までの想定でしたが、私の娘の世代は100歳を超えても生きられるでしょう。「大人からのキャリアのアドバイス」のもう1つの問題は、企業やプロダクトのサイクルが1世代足らずの間に急激に変わってしまったことです。今は5年おきに世界で大きな変革が起きているかのように感じます。2世代前は転職もとても珍しいことでした。変化が起きる前に定年退職するか亡くなることの方が多かったのです。今の子どもたちは70年の仕事人生の中で30～50の大きな変化を経験することになるかもしれません。たった24年前の2000年には、遺伝子編集、自動運転、一般向けの実用化されたAI、培養肉、暗号通貨、再使用ロケット、スマホやソーシャルメディアといった革新的な変化がまだ起きていませんでした。

あまりに変化が激しいので、従来のように「正しい」スキルを明らかにすることはできませんし、する必要もありません。重要なのは、自己を認識し、リスクを軽減し、自分の天性の才能や情熱を理解し、「学び方を学ぶ」スキルです。さらに重要なのは、顧客への共感や配慮、自分のニーズや新たなアイデアを明確に伝えるためのコミュニケーション力といった、変化に適応するためのフレームワークを身につけることです。私がスタンフォードで教えている学生たちが最も好むのは、明確で鋭く、洞察に富む質問を投げかけるスキルです。

次世代のための最良のキャリアアドバイスは、信頼関係のネットワーク構築を優先することです。天性の才能や情熱を大切にし、相互に支援し合い、互いに学びを加速させることのできる人々とのネットワークを構築することです。このフレームワークは、大胆なアイデアを実現し、市場からのフィードバックによって学ぶことができます。そのような新しいスキルの獲得は、学生が自分にとって最も重要な課題を解決する情熱を追求し、天性の才能を発揮することのできる真のチームワークがあるときに加速します。

スタンフォードの学生が立ち上げた世界最高のエコシステム「スタートX」

アメリカの大学でますます一般的になっているこのような環境は、ある日突然現れたわけではありません。そのような場を構築するには、情熱、意志、欲望、探究心、そして創造性への希求が必要です。これはすでに日本に備わっている要素であり、この社会はただ、支援システムを構築し、起業家志望の人たちが素晴らしいアイデアを実現するためのプラットフォームを提供できるよう組織化すればいいだけです。これまでに多くの人々がすでに同じ問題で試行錯誤してきたので、日本で同様の場を作る際に彼らから得られる教訓を活用しない手はないでしょう。

最良のモデルの1つは、約15年前にスタンフォードで作られました。現在ではイノベーションとユニコーンの最も肥沃な土壌となっています。この注目すべきプラットフォームは、スタンフォードでの起業家へのサポート不足に不満を持った学生によって設立されました。

それがスタートX(StartX)です。2009年にスタンフォードのコミュニティ(全学生、教員、卒業生)を対象としたアクセラレーターとして生まれたスタートXは、現在では世界で最も力のあるイノベーションの牽引役となっています。すでに1000以上のスタートアップを輩出し、そのうち800社はVCの支援を受けています。また、17社はユニコーン企業となっています。過去10年の間にスタートXで設立されたスタートアップのうち93

%は成長を続けており、85人のテニュア教員（訳注：大学での終身雇用資格のある教員）がスタートXを通じて起業し、会社をスピンアウトさせています。MITとハーバードは現在、スタートXのネットワークアーキテクチャを使用して、自分たちのスタートアップコミュニティを最適化しています。

ほとんどの人はスタートXが「世界で最も革新的な大学が主導し、素晴らしい戦略でつくられたものだ！」と思うでしょう。しかし、それは間違った認識です。実際は、キャメロン・テイトルマン（Cameron Teitelman）という経営工学科の3年生によって、当初はスタンフォード大学からの恩恵を得ることなく、学外で創設されました。

子供の頃から反骨精神にあふれていたキャメロンは、ロサンゼルスで育ち、大学の学費を稼ぐために子役として活躍していました。最初はテレビCMに出演していましたが、10歳でブロードウェイの『レ・ミゼラブル』の主役を勝ち取りました。彼は、役者の仕事によって起業家となるための貴重な学びが得られたと言っています。

「子役として演技するのは、売り込みをするのと同じです。長い台本を頭に叩き込まなければなりませんでした。ストーリーを覚え、重要なポイントや感情をかき立てる部分を箇条書きにし、いくつものストーリーを演じることを通じて、頭の中にあるストーリーをつなぎ合わせるための力が身につきました」

このキャメロンの洞察は、私がスタンフォード大学で教えている起業家向けの授業の柱にもなっています。イノベーションや未来の創出は、魅力的な個人の物語の上に築かれます。ユニークで感情に訴えるストーリーは、創業チームや採用者の熱意を引き出し、パートナーや、最も肝心ともいえる顧客の心を動かします。

スタートアップには、ブロードウェイの演劇のような素晴らしいストーリーが必要です。そして、ブロードウェイの舞台もスタートアップと同じようにストーリーを売り込む必要があります。キャメロンが言うには、スタートアップも役者も同じように、ストーリーを成功裏に終わらせるために、台本に従い、物語の重要な転換点あるいは布石の流れに沿ってストーリーを展開させていきます。そこで目指している成功とは、スタンディング・オベーションだったり、重要な顧客あるいは人材の獲得だったりするでしょう。

その後、キャメロンの起業家としての学びはさらに不思議に、かつ実り多いものとなりました。中学時代にレスリングに熱中し、高校時代の終わりにはスポーツ奨学金でスタンフォード大学に入学できるほどの実績を残しました。ここでも、彼はスタートアップとの共通点を見出しています。

「まずハイレベルなスポーツをするには、非常に高い自己規律が求められます。まるで自分がコーチであるかのように、自分自身と肉体を管理するための仕組み、習慣作り、記録、トレーニング、食事療法を行わなければなりません。自分の体をシステムとして捉える必要があります」。これはすべての素晴らしい起業家にも求められることです。

私はキャメロンに、そのような規律のパターンがスタートアップの支援にどのように関連するかを尋ねました。「会社の仕組みそのものが非常に重要です。会社に命を吹き込み、定期的なプロセスを通じて、サイクルごとに価値を積み上げていく必要があります。つまり、顧客について繰り返し学ぶフィードバックのループを確立するのです。これは顧客を深く理解し、素早く着実に前進するための計画的なアプローチです」

そこで、私のスタンフォードのクラスでは、学生たちにスタートアップを生きて呼吸する生物的実体として見ることを教えています。それは育てられなければならず、予測可能な人生の段階があります。

これが大変なハードワークに感じたとすれば、その通りです。スタートアップは「きらびやか」で「セクシー」なものと考えられがちですが、私の教えているスタンフォード大学や早稲田大学、また世界中の授業で、私はその考えに疑問を投げかけます。一握りの大成功を収めたスタートアップの創業者がナスダックで上場を果たし、巨額のＩＰＯを祝して鐘を鳴らしているときは、きらびやかに聞こえるかもしれませんが、その会社のここまでの歩みとこの先辿る道のりは、キャメロンが言う通り「レスリングも苦痛だが、会社をつくるのも苦痛」なのです。「とても辛いことをたくさん乗り越えなければいけません。創業者にとって起業は精神的にも肉体的にも多大な負担をかける可能性があります。そのため、適切な自己管理をしながら苦難を乗り越えることがとても重要です」

その他にレスリングから学んだ有用な教訓があるかを尋ねると、競争や交渉についての話になり、彼は笑顔でこう言いました。「そうですね、私は戦うことを恐れません……」

このような勤勉な仕事観は様々な分野で見られます。イチローは、午後1時からストレッチや練習を行っているのに、シアトル・マリナーズのチームメートが午後5時に球場に到着することに常に困惑していました。アメリカのトークショーの司会をしているパット・マカフィーは、人気歌手のテイラー・スウィフトについて次のように話しています。「多くのファンが知らないのは、彼女の仕事に対する姿勢と、歌に込められている情熱です。彼女は並外れています……すごく働き者なのです」

厳格に、かつ集中して行う仕事は、どんな種類の成功にも避けられない必要不可欠な要素です。だからこそ、イノベーションの世界に入ろうとする人には、骨が折れる仕事に備える必要があることを伝えています。

キャメロンの重要な成長体験のうちの2つ、高校時代とスタンフォード大学初期の頃の経験は、スタートアップの立ち上げでした。彼はスタンフォード大学の支援が不足していることに驚きました。ビジネススクールの教授チャック・イーズリー(Chuck Easley)は、スタンフォード大学で成功した7万社ものスタートアップのデータを集めていましたが、2000年代にはまだスタートアップのための構造化された支援の仕組みがありませんでした。そのときの認識は「素晴らしい創業者は、素晴らしい投資家に見出され、魔法のように素晴らしい企業がつくられる」というものでした。

集められたデータはこの「自由放任主義」の正しさを裏づけるものでした。しかし、キャメロンは優秀な役者やアスリートとして磨いてきた自己規律や創造性、あるいはスタンフォード大学で学んでいた組織行動論の研究のおかげで、より科学的で予測可能な、より良い方法があるはずだと考えました。彼はどうすればスタートアップにとって最高なプラットフォームを構築できるかを考えました。

まずキャメロンは、いかにしてスタンフォードの卒業生のスタートアップが総計で世界第11位の経済規模にまでなったのかを解明しようとしました。このような成功をもたらした、再現可能な要因や共通のパターンを探りました。創業した何百人ものスタンフォード大学卒業生にインタビューを行ったところ、明確なパターンが浮かび上がりました。「大成功を収めた人たちは、非常に意図的に自分を支える人的ネットワークや支援の仕組みを形成し、育んでいました。まるで第2の仕事のように、膨大な時間と努力を費やしていました。このようなグループや人間関係を構築し、食事をしたり、スプレッドシートを作成したりすることを通じて、つながり合い、そのことに非常に意図的に投資をしていました」

キャメロンは、創業者の意見の食い違いや退任によってスタートアップの半分（研究者によっては70％という人もいます）が失敗するということを知っていました。そこで、創業者たちをサポートするグループをつくるというアイデアを試行し、チームで課題を共有し、リソースの獲得を支援し合えるようにしました。当初はわずか8グループしかありませんでしたが、数年をかけて250以上にまで増やしました。そうした支援のエコシステムはどのようなものでしょうか？「私たちは人々が自分のニーズに合わせて適切な人脈を築くための様々な仕組みをデザインしました。人と人をマッチングするための巨大なシステムを作ったのです。私がいる間に1万7000組もの人を引き合わせ、合計1000回、年間300回のイベントを行いました。それらすべてをとても意図的に計画しました」

これがスタートXの土台となりました。彼は長期にわたってスタートアップのニーズを満たす、チーム、文化、人材のエコシステムを構築することに注力しました（スタートXでは創業者に株を請求するのではなく、将来的に、新しくスタートXのメンバーになる人々のために、時間、エネルギー、知識、ネットワークを再投資してもらうようにインフォーマルに取り決めました。その「契約」によって2000人以上もの専門家のネットワークができました)。

私は、支援し合う文化やネットワークを重視するカウフマン・フェローズから来たので、彼の話を聞き、思わず笑みがこぼれました。オープンさ、惜しみない助け合い、スピード感のあるエコシステムは、研修医、電気技師といった熟練労働者の間で見られる、徒弟制度のように機能します。日本が世界におけるイノベーションのハブとして、正当な地位を占めるにはこのようなエコシステムを構築しなければなりません。

キャメロンはまた、素晴らしいワインの醸造家が高品質のブドウを知っているのと同じように、最高のプロダクトは最高の材料からしか作れないことを学びました。スタートXはスタンフォードのコミュニティからの応募しか選考対象にしておらず、さらにそのうち8パーセントしか受け入れません。

キャメロンは、この選別こそがスタートXの成功の鍵であると言います。これは、カウフマン・フェローズやエンデバーなどの成功したプログラム、トップクラスのベンチャー企業などでも見られるモデルです。私はキャメロンに、素晴らしい創業者をかぎ分けるためのプロセスがあるのか、見ればわかるのかと聞いてみました。彼はそれを笑い飛ばしました。「スタートXに入るには、8〜10分の面接を3回実施します。面接を行うボランティアや投資家で構成された80人ほどのチームがあります。重要なのは、面接を行う人たちが何を評価するのが得意なのかを見極めることです。多くの人、多くのプログラムが『この人は良い投資家だから、人の才能の評価もできる』という勘違いをしてしまいます。そうではないのです。多くの投資家は失敗しますし、仮に運よく成功した人であっても『目を見れば、誰に投資すべきか判断できる』というのは完全なでたらめです」

このプロセスでスタートXが何をしているのか理解することは非常に重要です。彼らは厳選に厳選を重ねますが、さらに重要なのはその選考を「誰が」行うかもまた科学的に考えられています。80人の面接実施者のうち、誰がどの要素（例えば、市場、技術、チーム心理など）を評価するのが得意かを検証します。「私たちは幸運にも700もの企業と仕事をする立場にあるので、様々な分野を代表する人がたくさんいます。私たちは何が創業者の成功の可能性を高める事柄やパターンなのかを抽出します。また創業者の成功の可能性を下げるものも探ります。それから、それらの要素を裏づけるためのデータを得るプロセスがあります。私たちは実際にそれらの要素を評価するのが得意だとわかっている特定の人に依頼し、情報を引き出します。それらの情報を統合することで、『尖った人たち』を見つけ出します」

私はキャメロンがカウフマン・フェローズに応募した12年以上前から彼のことを知っていますが、彼だけでなくスタートXの大ファンにもなりました。私はスタートXの成し遂げたことは素晴らしいと思いますし、またスタートXの事例は日本にとって、いくつかの重要な洞察をもたらします。スタートXはキャメロンの非常に個人的なアイデアが元となっており、彼の子供時代の体験がいかにそのデザインに影響を与えたかがわかるでしょう。

彼はユニークな個性を持ち、スタンフォード大学は彼を順応させようと強いるのではなく、創造性を発揮するように許容しました。スタートXは、深い信頼関係を築くことと、ネットワーク内でスタートアップとアドバイザーの双方向のやり取りがなされることを重視しています。たくさんの参加者は必要ありませんが、スタートXに参加している人は、率直であり、惜しみなくアドバイスやリソースを提供する人でなければなりませんでした。キャメロンは、自分の状況に完璧に当てはまるいいアイデアは存在しないと教えます。だからこそ、常にエコシステムの中に良いアイデアがないか探し、見つけたアイデアを自分なりの方法で自分のスタートアップに適応しなければなりません。

新しいアイデアを試して検証し、素早くフィードバックを得て、アイデアをさらに磨くのです。そして、最も重要なステップは、体系的な方法で最高の人材を見極め、その人材に組織のリソースを投入することです。

ここでの大きな教訓は、スタンフォード大学は元々主要なテクノロジー分野での成功者を数多く生み出してきた実績がありましたが、スタートXとキャメロンの先見性のあるリーダーシップの発揮を通じて、世界中の他のどの大学よりも成果を上げ、パフォーマンスを発揮しているということです。キャメロンが入学する前からすでに主要な技術系の成功者を生み出すことにおいて非常に優れた実績があったにも関わらず、です。

2008年から2018年にかけてスタンフォード大学のスタートアップの数は、1位のマサチューセッツ工科大学（MIT）、それに続くコロンビア大学、パーデュー大学、ユタ大学に次いで5位でした。しかし2022年には世界一になり、今ではMITよりおよそ50％も多くのスタートアップが設立されています。

スタートXは非凡な組織であり、非凡な大学で非凡な人物によって設立されましたが、その成功が再現できないというわけではありません。私がキャメロンの話をこれほど詳しく語ったのは、日本にあってしかるべき、望ましいスタートアップのエコシステムを構築するには、ほんのわずかな要素があれば良いということを伝えたいからです。


素晴らしいイノベーターを見つけ出し、支援すること。

彼らを見極める際には、体系的に厳選すること。

必ず小さな実験から始めること。

完璧にしてから、素早く拡大すること。

本当の結果が得られるには12～15年かかると想定すること。政治家ではなく生物学者のように考えること。

彼らが競争相手よりも力を尽くし、良い仕事ができるように支援すること。


これらの原則はイノベーションの科学、つまり未来を発明するための基本的な信条です。個人、いわゆる「尖った才能」を称え、彼らが成功に向けて一心不乱に集中できるように支援しましょう。このようなモデルが世界中に存在することを知ってほしいと思います。そして、その多くの下準備はすでになされています。「テンプレート」はそこにあるので、あとは世界中のイノベーションの先駆者たちの肩の上に立ち、世界を新たなフロンティアへと導く立場に自らを置けばよいのです。

第11章

「もし既存の体制を怒らせるなら、それはあなたが何かを見つけたということ」

ニューヨークのエコシステム「インサイト」の誕生

世界的なイノベーションリーダーになるために、日本は取り組みを主導する最高の逸材を見つけることに集中しなければなりません。そして、このような使命のための選考プロセスは、おそらく最も重要な要素です。前段階で適切な作業を行うことで、その後の段階で起こりうる多くの問題を防ぐことができます。私はすでに、日本がイノベーターとして育成すべき候補者を選ぶ際の選別の重要性に触れましたが、この章ではこの原則の背後にある「どのように」と「なぜ」についてより詳しく説明します。1つの実例から始めましょう。

1995年、インターネットブラウザの先駆けであるネットスケープ（Netscape）が時価総額30億ドルで上場し、それをきっかけにインターネット関連企業の株式公開が相次ぎました。1996年にはイー・トレード（e-Trade）、チェックポイント（Checkpoint）、インフォシーク（Infoseek）、ライコス（Lycos）がＩＰＯを果たし、市場は一気に活況を呈しました。

1990年代後半までに、ニューヨークは金融と投資銀行業の世界的中心地となり、特にITイノベーションのブームで注目されました。しかしコロンビア大学のMBAの学生だったポール・トムポウスキー(Paul Tumpowsky)は、イノベーション物語の終幕である株式公開に関する仕事をするのでは飽き足らないと思っていました。彼と彼の友人たちは、アイデアの誕生から関わりたかったのです。最も挑戦しがいのある、エキサイティングな瞬間に立ち会いたかったのです。

ポールと仲間たちにとって悪いニュースは、ニューヨークはその当時、テック系のスタートアップにとって、実際には不毛の地のようなものだったことです。世界最高の頭脳からコーポレートファイナンスを学んだコロンビア大学やニューヨーク大学のMBAの学生であれば、卒業後はウォールストリートで高収入を得ることができました。ニューヨークにテック系のスタートアップは少なく、それを生み出すためのインフラもありませんでした。ポールはこれが重大な欠陥であり、同時に素晴らしい機会でもあると考えました。スタートアップで働く代わりに、自分自身が学びつつ、同じ野心を持つ他の人と共に、画期的な企業でイノベーションを起こす方法を学ぶための手助けをすることにしました。彼は「先生」であると同時に「生徒」にもなったのです。

(「ちょっと待って! ニューヨークは巨大なイノベーション・ハブじゃないか!」と言う方々へのちょっ

とした背景説明です。実は、それは必ずしも常にそうだったわけではありません。ニューヨークを拠点とするカテゴリー・クリエイター、モンゴＤＢ（MongoDB）やエッツィー（Etsy）への初期投資で有名なニューヨーク市のユニオン・スクウェア・ベンチャーズ（Union Square Ventures）がフレッド・ウィルソンによって設立されたのは２００３年です。多くの人が「ニューメディア」と呼んでいたものに人々を興奮させるために、先見の明のあるベンチャーキャピタリスト、ティム・ドレイパーは、１９９９年に自身の会社ＤＦＪゴッサム（DFJ Gotham）を立ち上げる際にバットマンの格好をしたほどです）

ポールにはマスクもマントも（バットモービルも）ありませんでしたが、それは妨げにはなりませんでした。１９９８年、彼と友人たちはスタートアップ界のエキスパートから学ぶことを始めました。最初は仕事後の非公式な月例会議に過ぎませんでしたが、ニューヨーク大学のビジネススクールにいるポールの友人が、自分と友人たちも参加できないかと尋ねてきました。ポールは彼らをグループに歓迎し、これがアイデアを生み出しました。「イノベーションには多様な専門性が必要だ。それならこの地域のすべての大学院生が参加できるようにしてはどうか？」というものです。そしてそれを実行し、１９９９年にはニューヨーク近辺から、ビジネス、工学、科学、医学、法律など様々な背景を持つ40人の大学院生が参加するようになりました。

ポールはこのような教育に大きな需要があることに気づき、このコンセプトはすぐに軌道に乗りました。しかし問題もありました。参加者によってコミットメントのレベルがバラバラだったのです。一部の学生は非常に情熱を持ったリーダーであり、世界に貢献しようとしていました。一方で、気分や都合に合わせて出たり入ったりする学生もいました。この一貫性の無さが、最も野心を持った学生たちを苛立たせ、彼らの学びを遅らせていました。

ポールは経験上、気楽な傍観者として参加している人よりも、野心を持った学生こそが重要なスタートアップを立ち上げるということがわかっていました。そこで、彼は熱意のある学生たちのためだけにプログラムを組み立てることにしました。「彼らのためだけに」理想的な基準やカリキュラムを見つけるために、ポールはその当時できたばかりのカウフマン・フェローズなど、他の教育機関をリサーチしました。その中で、「最も良い人材を選び、彼らが自分自身や仲間の成長に深くコミットしていることを確認する」ことに最大限にこだわり続ける必要があることに気がつきました。イノベーションに関わるすべての画期的な教育プラットフォームや偉大なVCが理解している通り「正しい人材を選び、それに賭けることに尽きる」ことをポールもまた理解したのです。

こうした洞察に基づき、ポールが立ち上げたインサイト・フェローシップ（InSITE Fellowship）でフェロー（参加者）になるには、実際に起業している学生であることに始まり、いくつもの要素に基づいて選考されます。コミュニケーションスキルや共感する力が並外れて優れていること、また信頼できることも求められました。それぞれの専門分野で深く分析できると同時にイノベーティブであることも必須でした。インサイトのウェブサイトでもそのすべてが必要であると明言しています。「はい、私たちはすべてを求めています」

選考のプロセスは難解なものになりがちですが、最終的には「真夜中であってもチームで一緒に働きたい人は？」「自分ではなく他の人がアイデアを提案するならば、誰がいいか？」という簡単な質問で決めることにしました。

これは本書でも述べた、人を選ぶ前に自分自身と目的を理解しなければならないという私の主張を裏づけています。これらの人々は、あなたのロケットを打ち上げ、目的地に向かって正しい軌道に乗せる手助けをする人々です。自分がどこに向かっているのかを正確に把握していなければ、そこに到達するための適切な人材を選ぶことはできません。

この「厳正なる選考」というテーマは歴史の中でも何度も登場するテーマであり、数多くの書物や映画でも描かれています。私が好きなのは『ミラクル』という映画で、アメリカのホッケーチームが1980年のオリンピックで、強豪のソ連に逆転勝ちする話です（日本の学連選抜のラグビーチームがワールドカップの決勝でオールブラックスに勝つことを想像すれば、アメリカのホッケーファンにとってその勝利がどれほどの驚きと喜びであったかが理解できるでしょう）。『ライトスタッフ』という映画では、アポロ計画の宇宙飛行士を選抜する信じられないほど厳格なプロセスが描かれています。

また、１８０3年にトーマス・ジェファーソン大統領は２００万平方キロメートルのフランス領を奪い、国の大きさを2倍に拡大しましたが、それを題材にしたスティーヴン・アンブローズの本『Undaunted Courage』ではジェファーソンが資金提供したメリウェザー・ルイスとウィリアム・クラークがチームを形成するためにどれほどの努力をしたかが描かれています。彼らは１８０4年から4年にもわたる、未開な敵地への過酷な遠征を行いました（その期間で亡くなったのは隊員33人のうちたった1人でした）。ジェファーソンはルイスとクラークを慎重に選び、彼らも自分たちのチームの隊員を慎重に選びました。

このような選別は社会のあらゆる場面で繰り返されています。古いやり方と陳腐な考えを払拭するような変革や革新的なイノベーションは、熱意に溢れる創立者が一貫性のある厳正な選考プロセスで選んだ少数精鋭のグループから始まります（私がカウフマン・フェローズを引き継いだとき、アスペン研究所のヘンリー・クラウン・フェローズ（Henry Crown Fellows）の理事の1人は「私からのあなたへのアドバイスは1つしかありません。CEOであるならば、プログラムに誰を受け入れるかの最終権限を持つように。誰か他の人にその権限を与えてはなりません」というアドバイスをくれました）。

ポールがインサイトのフェローに求めた2つ目の重要な要件は、コミットメントの明確さです。若い大学院生には機会があると同時に、大きな挫折を味わう瞬間もあることを彼は理解していました。そしてそういった困難な状況にあるときに、インサイトの仲間が邪魔者ではなく、最高のリソースであると捉える人が望ましいと考えました。そのため、インサイトのフェローは非常に集中的で構造化された2年間のプログラムにコミットする必要がありました。通常の大学のよくある「クラブ」のように、年間50ドルの小切手を切るだけで求人先に配られる「レジュメ・ブック（履歴書の冊子）」に掲載されるのとは大違いです（先駆的なベンチャーキャピタリストであるアラン・パトリコフは、コロンビア・ビジネス・スクールのPrivate Equity & Venture Capital Clubのレジュメ・ブックが厚すぎて役に立たないと指摘し、その24時間後にインサイトも最初のレジュメ・ブックを作成しました）。

現在インサイトのフェロープログラムは、1996年のニューヨークと同じようにスタートアップへの支援インフラが不足していたアメリカの7つの主要都市で行われています。プログラムは様々な分野にまたがるスタートアップのプロジェクトに重点を置いており、フェローの志望者には「私たちは、真の変革を起こす本物の企業をつくるために存在しています」というメッセージを打ち出しています。これは単なる理屈ではなく、ましてや「イノベーション劇場」でもありません。インサイトの24年の歴史を通じて、2500人のフエローが卒業し、600以上の企業が設立されました。そして、インサイト・フェローズが率いるスタートアップは、VCから総額10億ドルの資金調達を実現しています。インサイトはニューヨークがグローバルなイノベーションの僻地から「シリコン・アレー」と呼ばれる中心地へと成長を遂げる上で大きな役割を果たしました。

インサイトの成功の裏には、いくつかのシンプルで重要な真実があります。まず、スキルや情熱に基づいて斬新なアイデアを思いついた、ひたむきで才能ある創立者によって設立されたことです。ウォールストリートで大金持ちになるという楽な道も選択可能でしたが、彼はこの新しいコンセプトを形にしたかったのです。規模を拡大して一気に動くことができたかもしれませんが、小さく始めて慎重に人を選別しながら、成功を収めることのできる人材や文化がどのようなものかを探りました。彼は忍耐強く、ニューヨークに限定して段階を踏みながらモデルを構築し、それが正しいと確信してから他の地域に展開しました。

ポールの考えるフェローの要件はコミットメント、サポート、明確さに関するものでした（そして今もそうです）。エゴではなくミッションを第一優先にする人しかフェローにはなれませんでした（そして今もそうです）。これもまた少し直感に反するかもしれません。ミッションが常に最優先されるべきですが、そのようなマインドセットを創造するためには、まず自分自身が学ぶことを優先し、その文化をどのように構築するかを正確に知る必要があるからです。この基本原則にこだわることで、ポールは、動きが速く、惜しみなく力を貸す専門家による、多様でありながら結束力の強いコミュニティを構築することができました。インサイトは、関わるすべてのメンバーやコミュニティにとってイノベーションを加速する大きな存在となりました。ニューヨークはイノベーションを眺めるだけの傍観者ではなく、トップクラスのＶＣが世界の中でも最も重要なスタートアップのハブであると評価する地域になりました。その変化はたった10年余りの間に起きました。

これは日本にとってインスピレーションを与え、ここからさらに改善できる成功事例であり、モデルです。一度成し遂げられたことなら、再び成し遂げることができます。そしてさらに良くすることができるのです！

権力を持つ人々は革新を「理解できない」ことを認識する

イノベーティブな空間がどのようなものかまだ理解されていない時と場所で、そのような場を構築するのは言うまでもなく困難です。ポールの経験は、そのために必要な粘り強さと忍耐を示す唯一の例ではありません。前章では、スタンフォード大学での学生のアイデアに対するサポートの欠如にフラストレーションを感じて、スタートXを設立したキャメロン・テイトルマン（Cameron Teitelman）のモデルを紹介しました。スタンフォード大学から多くの素晴らしい企業が生まれていることを考えれば、この大学の運営者がこのイノベーションの問題をずっと前に解決していたと信じていた人々にとって、これはしばしば驚きです。

スタートXの初期の頃、キャメロンはスタンフォード大学の学長室から手紙を受け取りました。その手紙には、彼の行動が大学の人々を非常に不快にさせており、スタートXを閉鎖することを検討してほしいと書かれていました。しかし、彼はそうしませんでした。

代わりに、彼はさらに速く、より懸命に自分のビジョンを追求しました。何年か後、彼は新しい学長から手紙を受け取りました。その手紙では、スタンフォード大学での彼の影響に感謝し、初期の頃に教職員が過剰に反応し、彼をサポートしなかったことを認めていました。

驚くべきことではありませんが、ポール・トムポウスキーも同様の話を持っています。彼はコロンビア大学の大学院生だった頃、スタートアップのキャリアを追求したいMBAの学生への教育サポートが不足していたため、インサイト・フェローズを立ち上げました。コロンビア大学は、常にウォール街での仕事のための一流のチャネルでした。ポールは最初からインサイト・フェローズの多様性と機会を重視していたので、友人がニューヨーク大学のMBAの学生たちと一緒に参加できないかと尋ねたとき、彼らを歓迎しました。2003年のニューヨークでの教育機会に対する需要は堅調で、プログラムは繁栄しました。しかし、ある日、ポールはニューヨーク大学学長室から手紙を受け取りました。その手紙は彼を賞賛し、彼の仕事に感謝していましたが、組織を2つに分割することを希望していました。1つはニューヨーク大学用、もう1つはコロンビア大学用です。ポールは、どちらの大学にも彼を止める権限がないことを知っていたので、前進し、ニューヨークのすべての大学院からより積極的に学生を募集し、最終的にはプログラムを全国に拡大しました。キャメロンと同様に、彼も後に両大学から感謝と祝福の手紙を受け取り、彼のプログラムはイノベーションに焦点を当てた学生のための重要なリソースとして世界的に認識されています。

なぜこの2つの話を議論する価値があるのでしょうか？　私は、どのようなイノベーション・エコシステムのメンバーにとっても、これらの話には重要な教訓がいくつかあると考えています。大規模機関のリーダーの仕事は既存の資産を管理し、維持することです。新しい「資産」の創造は非常に異なる仕事であり、しばしば機関のリーダーに恐れを引き起こします。未知への恐れ、競争への恐れ、損失への恐れです。急進的な新しいアイデアは決して中央の権威から生まれることはありません。そのため、大胆なイノベーションを育てようとする大規模機関には2つの選択肢があります。1つはイノベーターが繁栄するための別の環境と道筋を作る（これについては繰り返し議論してきました）、またはイノベーティブにはなれず、ゆっくりと（そして時には速く）死を迎えることを受け入れる。スタートアップのリーダーにとっての教訓は、権力を持つ人々は「理解できない」ことを認識し、あなたが何をしているのか、なぜそれをしているのかの動機を理解できないということです（2010年に日本に焦点を当てたファンドを始めると言ったとき、私とSozo Venturesの共同創業者である中村幸一郎には、狂っていると誰もが言いましたが、私たちは耳を貸しませんでした）。2023年7月25日のスタンフォード大学での日本科学技術振興機構（JST）とのシンポジウムで、キャメロンは聴衆にこう語りました。「もし既存の体制を怒らせるなら、それはあなたが何かを見つけたということです。重要なのは、その否定的な反応に惑わされず、価値がどこにあるかを見つける本当の課題に取り組むことです」

言い換えれば、イノベーションへの道は平坦ではありません。抵抗があり、権力を持つ人々があなたに抵抗するかもしれません。そのような時こそ、優れたサポートシステムが重要です。なぜなら、そのエコシステムの中から、あなたのアイデアに最初に興奮し、サポートしてくれる信頼できる経験豊富なメンターを見つけることができるからです。

しかし、それだけで十分だと思わないでください。優れたサポートシステムにも限界があります。確かに、最も刺激的なスタートアップをサポートするビジネスに携わる人々――ベンチャーキャピタリスト、弁護士、アクセラレーターのマネージャーなど――にとって、サポート環境を作ることは重要です。しかし、その前に、先に述べたように、適切な人材を選び、彼らのための道筋を設定し、正しいマインドセットに導き、応用可能なモデルを使って、量子場のような、そして森のようなエコシステムを構築し、探求と継続的な学習を促進する必要があります。これが、日本がグローバルなイノベーション・ハブとして自らを再構築できるビジョンです。

私がこの本を書いたのは、30年以上にわたってアメリカに次ぐ第2の故郷である国への感謝、賞賛、愛情、そして熱烈な信念があったからです。また、聞く準備ができている人、変化する準備ができている人、日本をより明るい未来へと導く準備ができている少数の人々のために書きました。この本がすべての人のためのものではないことはわかっています。すべての人のために書かれたものではありません。この本を構想していた2年間、日本の友人や同僚から、ここで提示しているアイデアは楽観的すぎる、日本ではイノベーションは起こらないと繰り返し言われました。しかし、それらの批評は間違っています。

その悲観主義の一部は、日本のほとんどが自国の文化を革新的とは信じていないという事実に起因するかもしれません。先に述べたように、それは私には理解できません。日本は他の国と同じくらい、あるいはそれ以上に、ほとんどすべてのことをうまくやっています。教育、物流、医療、精密製造、ファッション、文学、建築、食事、野球（ほんの一部です）。しかし、日本はイノベーションを生み出せない？　誰がそう言っているのですか？　それはナンセンスです。日本のリーダーや無知な人々からよく聞かれるのは「日本は変わる必要がある！」という言葉です。それに対して私は答えます。

「日本よ、どうか変わらないでください！」

この国は間違いなく地球上で最高の場所であり、あなたたちの価値観と文化は驚嘆に値します。今やっていることを続けてください。私が提案しているのは、最も革新的な技術者や設計者が世界最高のイノベーターから学び、つながることができる小さな、焦点を絞ったチャネルを作ることです。さらに良いことに、そのグローバルリーダーたちは、日本のイノベーターであるあなたたちに会いたがっています。

読者に理解してほしいのは、この本の核心は、私がスタートアップとベンチャーキャピタルのエコシステムで35年以上にわたって教わり、発展させてきた信念の集合だということです。特に1995年に始まったカウフマン・フェローズ・プログラムに遡ると、世界最高の人々から学び、そしてそれらの教訓とネットワークをカウフマン・プログラムの運営、Sozo Venturesの構築、スタンフォードでの研究・教育センターの立ち上げに応用する機会がありました。これらの努力を通じて、50以上の国々が刺激的なスタートアップの成長を促進する取り組みをサポートする幸運に恵まれました。

スタートアップ・エコシステムを立ち上げる際、世界中で成功のパターンを見てきました。日本の次世代スタートアップリーダーを特定する際は、小規模に始め、非常に慎重に選択をしてください。カウフマン・フェローズ、エンデバー、スタンフォードのスタートXで見てきたように、次世代のリーダーたちの周りに素晴らしい経験のネットワークによるサポートを構築してください。忍耐強く、イノベーションが生物学的なものであり、予測可能な速度で成長することを認識してください。これは企業や政治のサイクルよりも遥かに時間がかかります。これらの取り組みで大規模かつ迅速になろうとすることは避けてください。「イノベーションごっこ」は避けてください。

日本との関係は、個人においても仕事においても、私にとって非常に有益なものでした。私の2人の娘は日本のパスポートを持ち、2人とも永住する可能性が十分にあります（1人はすでにそうしています）。過去10年間、特に新型コロナ以降、日本の企業が、そして後に政府が国内のイノベーション増加に非常に熱心になっているのを見てきました。それらの取り組みの中で、世界中の国々が以前に犯した一般的な間違いも見てきました。私の経験と、イノベーションの専門家ネットワークからの知恵と最良の実践を共有できることに興奮しています。

私とＳｏｚｏのチームは、世界中の仲間のＶＣたちの間で日本への関心が大幅に高まっているのを見てきました。最近、ある主要省庁の幹部グループに冗談で言いましたが、日本はイノベーション・ハブとして飛躍するでしょう、ただし1つだけ必要なことがあります。世界の他の人々がそうであるように、日本人が自分たちを信じることです。私の最も深い願いは、この実証されたイノベーションの専門知識のキュレーションが日本で根付き、花開くことです。

謝辞

この本は、東京でのあるアイスクリームのイベントで生まれた縁がきっかけで誕生しました。Sozo Venturesの投資先の1つであるエクリプス・フーズ（Eclipse Foods）によるプラントベースの代替乳製品で作るアイスクリームをニューズピックス主催のCHANGE to HOPE 2022で日本向けに披露する機会でした。そこの会場で、私が最初の本を刊行した出版社でもあるニューズピックスの編集者、豊岡愛美さんと出会いました。それ以来私たちは様々な話をし、やがて日本のイノベーションに関する一部の政策決定に対して同じような不満を抱いていることに気づきました。そして彼女と彼女の同僚は2023年の春、私の考えをニューズピックスで執筆することを提案してくれました。その瞬間から彼女は私の味方となり、あらゆる段階で支援し、共に奮闘してくれました。

ニューヨークの私の編集者であり、Sozo Venturesの同僚でもあるボブ・ロー(Bob Roe）は、ニユーズピックスのシリーズ「世界を変える変革のデザイン――VCの信頼の創り方」のために私が書いた記事の一語一語を叩き上げ、形作ってくれました。さらに、それらをまとまりのある1冊の本に仕上げようとする際には、より一層厳しく取り組んでくれました。ボブは愛美と素晴らしいパートナーシップを築き上げ、彼らなしではこの本は存在し得ませんでした。

また、私がこの本を望んだ通りに、必要とした通りに作ることを許してくれたニューズピックスの全チームにも感謝の意を表したいと思います。たとえ物議を醸す可能性があっても、日本のイノベーターたちに向けて、正直に、飾ることなくこの内容を共有する必要があったのです。

そしてSozo Venturesの私のチーム全員が、この取り組みに不可欠でした。中村幸一郎、鳩山玲人、小原嘉紘、小林和広、野村哲、齊藤健一、藤井正行、角谷義孝、枡田健、そして特に、私と同じくらいこの本を信じてくれた兼松裕紀。彼らの支援、フィードバック、そして忍耐に心から感謝の意を表したいと思います。

2024年9月

フィル・ウィックハム（Phil Wickham）

[著者プロフィール]

フィル・ウィックハム

Phil Wickham

Sozo Ventures 共同創業者/パートナー
シリコンバレーの国際展開支援のトップファンドとして知られているSozo Venturesにおいて、Twitter、Zoom、Coinbase、Squareといった投資案件を手掛ける。ベンチャー投資家、スタートアップ起業家として豊富な経験を有し、米国屈指のエリートキャピタリスト養成機関として知られるカウフマン・フェローズのCEOを経て名誉会長として、ベンチャーキャピタルの次世代リーダーたちを育成してきた。カウフマン・フェローズ出身者が設立した数多くのファンドを支援し、Creandum Fund等で名誉顧問を務めている。また、スタンフォード大学工学部大学院、早稲田大学ビジネススクールで教鞭をとっている。共著に『ベンチャー・キャピタリスト——世界を動かす最強の「キングメーカー」たち』(NewsPicksパブリッシング)がある。

[序文]

アレン・テイラー

Allen Taylor

Endeavor Catalyst マネージングパートナー
新興市場を中心とした経済開発とベンチャーキャピタルにおける20年以上の経験を活かし、新興市場やサービスが行き届かない市場でのハイインパクトアントレプレナーを支援するミッション主導の組織エンデバー(Endeavor)でリーダーシップを発揮する。
スタンフォード大学ビジネススクールで頻繁にゲスト講師を務めるほか、カウフマン・フェローズ、オルター・グローバル、STV(サウジアラビア)など、連続起業家やベンチャーキャピタルにフォーカスした組織の役員を務めている。
エンデバー・カタリストはラテンアメリカや中東などの市場で最も活発なグローバルベンチャーキャピタルの1つとして知られており、2012年の設立以来、4つのファンドで5億ドル以上を調達し、30カ国以上で300件以上の投資案件を手掛ける。その中には、評価額が10億ドルを超える企業が50社以上含まれている。そのミッションは、エンデバーの長期的な運営を維持することにあり、エンデバー・カタリストからの収益はLPに還元されつつも、同時にエンデバーの新市場への進出や、成長する事業を支えるための重要なインフラ整備の資金として活用される。

装幀・本文デザイン	小口翔平＋畑中茜＋村上佑佳（tobufune）
図版	松嶋こよみ
DTP	フレックスアート
校正	日本エディタースクール
営業	岡元小夜・鈴木ちほ
進行管理	岡元小夜・小森谷聖子・高橋礼子
編集協力	ボブ・ロー（Bob Roe）、中村幸一郎、鳩山玲人、小原嘉紘、小林和広、野村哲、齊藤健一、藤井正行、角谷義孝、枡田健、兼松裕紀、長沢恵美、平岡乾
編集	豊岡愛美

2032年、日本がスタートアップのハブになる

世界を動かす才能を解放せよ

2024年10月15日　第1刷発行

著者　フィル・ウィックハム
発行者　金泉俊輔
発行所　ニューズピックス（運営会社：株式会社ユーザベース）
〒100-0005 東京都千代田区丸の内2-5-2 三菱ビル
電話 03-4356-8988
FAX 03-6362-0600
※電話でのご注文はお受けしておりません。
FAXあるいは下記のサイトよりお願いいたします。
https://publishing.newspicks.com/

印刷・製本　シナノ書籍印刷株式会社

落丁・乱丁の場合は送料当方負担でお取り替えいたします。
小社営業部宛にお送り下さい。
本書の無断複写、複製（コピー）は著作権法上での例外を除き禁じられています。

© Phil Wickham 2024, Printed in Japan
ISBN 978-4-910487-04-5
本書に関するお問い合わせは下記までお願いいたします。
np.publishing@newspicks.com